影响中国人的十大汉字

学

国学金故事

冯梦月 丁卉◎主编

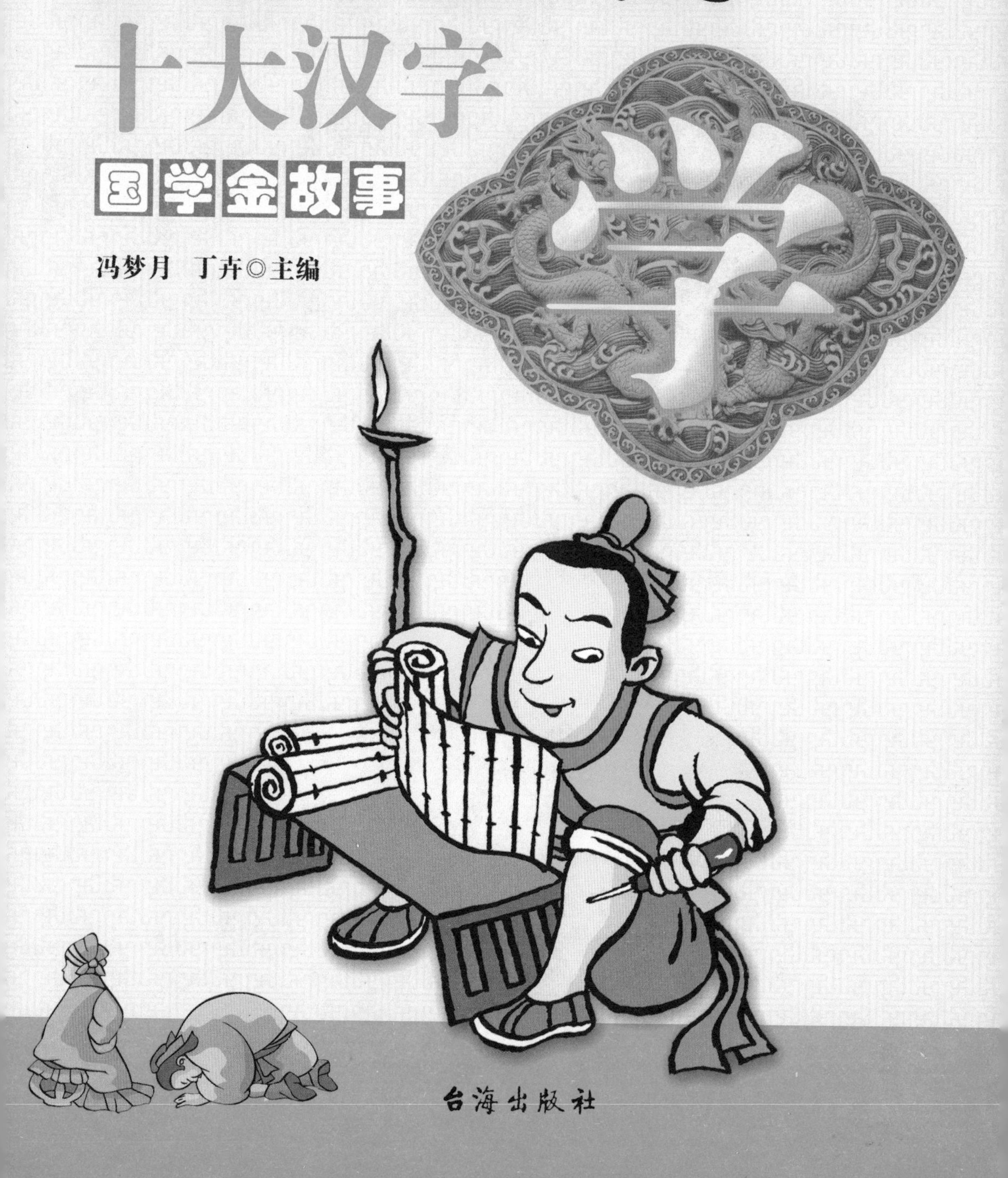

台海出版社

图书在版编目(CIP)数据

学·影响中国人的十大汉字 / 冯梦月，丁卉编著.
--北京：台海出版社，2012.9

(国学金故事)

ISBN 978-7-5168-0029-4

Ⅰ.①学… Ⅱ.①冯… ②丁… Ⅲ.①品德教育-中国
-通俗读物 Ⅳ.①D648-49

中国版本图书馆 CIP 数据核字(2012)第 211189号

学·影响中国人的十大汉字

编　　著：冯梦月　丁　卉

责任编辑：王　艳
装帧设计：天下书装　　　　版式设计：方国荣
责任校对：董宁文　　　　　责任印制：蔡　旭

出版发行：台海出版社
地　址：北京市景山东街 20 号，邮政编码：100009
电　话：010-64041652(发行，邮购)
传　真：010-84045799(总编室)
网　址：www.taimeng.org.cn/thcbs/default.htm
E-mail：thcbs@126.com

经　销：全国各地新华书店
印　刷：北京高岭印刷有限公司
本书如有破损、缺页、装订错误，请与本社联系调换

开　本：710×1000　1/16
字　数：46 千字　　　　印　张：8
版　次：2012 年 11 月第 1 版　　印　次：2012 年 11 月第 1 次印刷
书　号：ISBN 978-7-5168-0029-4

定　价：19.00 元

题记

学

學
小篆

學
金文

学习是一件苦差事？每天起早贪黑，要上各种课程，做各门课的作业，参加大大小小的各种考试，而且似乎没完没了？没错，学习就是一件没完没了的事情，古人就说了："书山有路勤为径，学海无涯苦作舟"。古代那些"悬梁刺股"、"囊萤映雪"的故事，听起来总是那么苦涩艰辛。

然而，学习本身并不是痛苦的，学习本是一件快乐且让人满足的事情。学习可以带你畅游知识的海洋，带你与古人对话，与现代人聊天，丰富了你的精神世界。难道苏秦刺骨、孙敬悬梁、匡衡凿壁、孙康映雪、车胤囊萤苦读的时候，会觉得自己是痛苦的吗？肯定不是。虽然他们肉体上没有得到舒适的享受，但是他们的精神是愉悦和满足的。

现在，青少年朋友们都有很大的学习压力，往往是为了考试而硬着头皮去学习，难免会觉得学习的过程很痛苦累人。当你认真思索过学习的目的其实不是为了考试，不是为了让父母开心，而是为了增加知识，使自己变成一个堪称智慧的人，那么，你的学习态度将会变得积极向上。

不妨读读本书中的故事，看看古人是如何在物质匮乏、生活条件艰苦的环境中快乐学习的。读了他们的故事，你就会变成一个快乐的读书人。

学的真谛

我们小的时候，都听过许多关于学习的名人名言。比如“书山有路勤为径，学海无涯苦作舟”，或者“书籍是人类进步的阶梯”等等。但是那些已经滚瓜烂熟的词句，往往在漫长的时间里，褪色为陈腐的记忆，失去了原本的含义。

我想，我们都是在不明白学习为何物的无知年代里，开始学习的。对于大多数的人来说，学习的功效远大于学习的内涵。我们的理解与想象，也总是被学习承诺的金榜题名与锦绣前程所限制。尤其在这个效率奇高、节奏飞快、分工明确的时代，学习的目的被物质化得让人发指。

以前在中国的时候，我看见热爱钢琴的孩子不得不“为成绩”而放弃弹琴；热爱文学的学生硬被逼去上数学培优。我们都知道“因材施教”的概念，却不懂“因材施教”的道理。到了新加坡，我以为所谓“素质教育”会有所不同。但一样的悲剧还是不断重演：考试不考的就不学，大学没用的就丢弃。我们像一个个疯狂的追随者，不断地改变自己，谄媚地去迎合“时代的需要。”

但什么是时代的需要呢？

我一直觉得，一个完善与丰盈的社会，是需要与接纳各种人才的：科学家为其添加创造，哲学家为其添加智慧，数学家为其添加理性，文学家为其添加想象。而“学”，作为一个了解自我，丰富人生的途径；一个参望历史，饱满灵魂的过程，其实应该是在最愉快的氛围中，把我们都打造成为与灵魂相契合的存在。

《五柳先生传》中有一句话曾以某种突兀而温暖的方式打动了我。陶渊明说他自己“闲静少言，不慕荣利。好读书，不求甚解；每有会意，便欣然忘食。”所谓“不慕荣利”，就是不为荣华与利益去读书。而当他真正明白书中所言的含义，甚至会高兴地忘记了吃饭。我想，只有灵魂的愉悦才会有如此强大的力量，凌驾于我们的生存与欲望之上。这或许就是“学”的真谛。

在每一个悬梁刺股、凿壁偷光、百折不挠、功成名就的故事背后，都或多或少会有这样让人安定幸福的时刻。不为来路苍茫，不顾去路风霜，只有一卷在手，青灯火烛，在流转的片刻，完成生命中所有的可能；在停顿的瞬间，听见历史寂静的私语；在巨大的渺小感中，卑微而坚定地去涨满生命的每一张风帆。

我想，这就是“学”的真谛，所以它应该是孤独而安宁的。太喧嚣的世界，太浮躁的心灵，都离它太远。康德用了十年，守着雪白的墙壁，写出了三大批判。而我们，可能要用一辈子去感受，“学”在灵魂之上的重量。

丁卉

目　录

多年以前，我还记得撒切尔夫人说过，中国的强大不可怕，因为他们输出的是彩电和冰箱，而不是文化。不管撒切尔夫人是善意的提醒还是恶意的轻蔑，其作用都是一样的，她提醒了我们，向我们警示了只有文化才是最不容易被摧毁的。我们在最近短短的几年，就在全球范围内兴办了几百所孔子学院，吸引了世界各地的学子，也彰显了中华文明的博大精深、魅力无穷。

两位爱读书的中学女生在远离祖国求学的过程中，她们感到尽管视野开阔了，但是与传统文化却有了很大的疏离感，所以相约读国学，并把读书笔记贡献出来，希望带领学弟学妹们一同进行国学启蒙，也许她们的观点并不深刻，也许她们的语言尚显稚嫩，她们的学识还不够丰富，但是她们的精神非常可贵，我甚至认为，这是90后的一种全新精神风貌的体现。丛书分十个侧重点，几乎涵盖了中华民族所倡导的美德，其角度也很新颖。我甚至相信，以她们的视角主编出来的这套丛书也会引起外国青少年的兴趣。

所以，我很关注这套丛书，并希望这套图文并茂的图书能够给现在的孩子和家长们带来全新的感受。

——文化部外联局局长 董俊新

师旷喻学

师旷，春秋时晋国乐师，字子野。传说他生而无目，善以声辨吉凶。

师旷从小就双目失明，但他听力特别好，对别人弹奏的曲子过耳不忘。他弹奏古琴十分优美，音乐声一会儿如春暖花开、百鸟鸣唱，一会儿又如高山流水、叮咚悦耳，使人如痴如醉。

他学其他各种知识也非常刻苦。眼睛看不见，他就请别人读书给他听，听过之后便暗暗默记，并理解文章的内容，所以他成了一位学识渊博的学者。

师旷的名声渐渐传开后，晋平公多次请他进宫，让他弹琴供自己欣赏。

和前几次一样，师旷这一次先弹了几首老曲子，又弹了几首自己新创作的曲子。

晋平公欣赏完之后，十分高兴，便和师旷闲聊起来。上至国家大事，下至市井闲话，谈得十分投机。突然，晋平公叹了口气说："唉，人生易老呀！"

师旷听晋平公叹了一口气，似乎有什么事要说，便问

道："大王为什么这样说呢？"

"第一次召你进宫时，我还是个精力充沛的中年人，可一转眼我已经七十多了。我很想再学点儿东西，但恐怕已经太晚了。"

师旷笑了笑，接着说："大王要是觉得时间太晚，那叫人把蜡烛点起来不就行了吗？"

晋平公一听，心里老大不高兴，脸一沉，对师旷说："师先生喜欢开玩笑，可也要选择时机呀。我在跟你说正经事，你却跟我开玩笑，这合适吗？"

师旷忙站起来，很慎重地说："大王请息怒，我一个瞎子怎敢跟您开玩笑呢？我曾听人说过这样的话：人呐，分为三个阶段：少年时期勤奋好学，就像早上八九点钟的太阳，喷薄欲出，前程无量；壮年时期勤奋好学呢，就像正午的太阳，红日当空，同样是大有作为的。"

"那么老年时期呢？"晋平公听着听着，觉得有点儿兴趣了。

"到了老年，虽然年老体衰，牙齿松动，步履不稳，但仍能下定决心勤奋苦学，就像傍晚时点上蜡烛。蜡烛的光虽然微弱，比不上八九点钟的太阳，也比不上正午当空的太阳，但有了这点微弱的烛光，总比摸黑走路要好吧。"

晋平公边听边点头，不禁站起身来，连声称道："说得好，说得好呀！我听你的，马上点'蜡烛'！"

《说苑》

本篇成语解释：

1.【春暖花开】形容春景优美。现在有时用来比喻学习或开展工作的良好时机。

2.【高山流水】比喻乐曲高妙，也用来比喻知己或知音。

3.【喷薄欲出】喷薄：气势壮大、喷涌而出的样子。形容水涌起或太阳上升的样子。

师旷虽然双目失明，但他仍然积极面对。在学习上，师旷认为，不管是什么年龄，只要肯下决心去学，都比什么也不做要好。这个道理推广到生活中又何尝不是如此，不论在什么样的环境下，我们都不应该放弃学习。

苏秦刺股

苏秦，字季子，东周洛阳（今河南洛阳）人，战国时期纵横家（战国时期专门从事政治外交活动的谋士），曾因游说六国抗秦，佩六国相印，显赫一时，后被齐王车裂而死。

苏秦是战国时期的人，家在洛阳，曾经拜当时很有名望的鬼谷子先生为师。

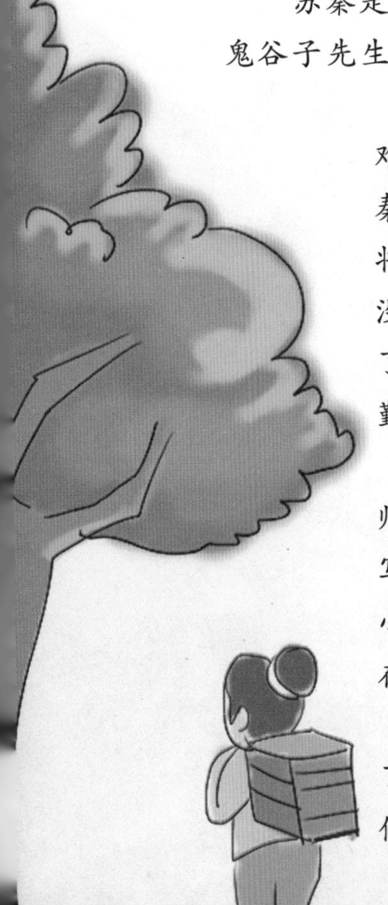

苏秦非常好学，可家里十分贫穷，糊口问题都难以解决，更不用说拿钱去买书了。为了读书，苏秦常常用别人想不到、不敢想的方式去挣钱，比如将自己的头发剪下来换钱，或者帮别人做工等等。没有纸，他就像古人那样把竹子劈成薄片；竹简多了，没袋子装，他就剥下树皮编成书袋。由于苏秦勤奋好学，鬼谷子先生很喜欢他。

过了一段时间，苏秦认为自己已经学到了老师的本领，便收拾好行李，到秦国去闯荡。他一连写了十几封建议书，可当时的秦惠王对这个无名小卒根本不上心，连看都没看一眼，就把建议书扔在一旁了。

这一扔不打紧，苏秦可惨了。他左等右等，等了近一年的时间，也没有得到秦惠王的回音。这时候，钱也花光了，衣服也穿破了，不得不挑着书籍行李离开秦国。一路上，他吃也吃不好，睡也睡不安稳，又黑又瘦，像个乞丐。

回到家后，家人见他这副模样，都不理他。他的妻子在一旁一边抹眼泪一边织布；父母亲坐在那儿也不跟他说话；嫂子见他在外面一事无成，还赖在家里靠家人养活，早就气不打一处来，气鼓鼓地发着牢骚："大丈夫在世，应该做点儿实事，像你哥那样做点儿小买卖，一天下来虽然赚不了多少钱，但起码能养家糊口啊。哪像你，读了那么多书，到头来却也只能混到这般模样。真是活该！"

苏秦叹了口气，站起身来，自言自语道："麻雀怎能知道大雁的志向呢？现在妻子不把我当丈夫，嫂子不把我当小叔，父母不把我当儿子，怪只怪我学艺不精呐！"

从此以后，他把自己关在房子里，找出自己所抄的几十箱书，精心挑选了一部分，然后埋头苦读，仔细研究。

可每天夜以继日地读书，时间一长，眼皮就开始打架，有时还伏在桌子上睡着了。每次醒来后，看到时间又过了一天，苏秦总觉得非常可惜，可一时又找不到合适的方法使自己不打瞌睡。

有一天，苏秦读着读着又困了，一不小心，头嘭的一声撞在了桌子上，桌子旁的一把锥子正好刺中了他的手臂，疼得他睡意全无。望着还沾着血的锥子，苏秦想到了一个制止自己犯困的方法。

从那以后，每当觉得精神

想尽一切办法去学习。

疲惫、想睡觉的时候，苏秦就抓起锥子往自己的大腿上扎，那钻心的痛马上使他甩掉睡意，继续学习。

就这样，苏秦学习了大约一年，学问大有长进。于是他第二次离家，向各国国君提出自己的建议，最后终于得到六国国君的重用，都聘请他担任自己国家的丞相。

苏秦刺股苦学，终于学有所成，家里人也不再瞧不起他了。

《战国策·赵策》

本篇成语解释：

1.【无名小卒】卒：古代指士兵。不出名的小兵。比喻没有名气，无关紧要的人员。

学习忌自满，正所谓“学无止境”。学习贵在懂得“自我反省”，发现自己的不足之处就要想方设法加以改进。文中的苏秦就是在“自省”之后努力学习，并对自己严格要求，“刺股求学”，最终才获得成功的。

自编“草书”

路温舒，西汉文士，字长居，钜鹿东里（今河北平乡西南）人，官至临淮太守。

路温舒小的时候，家里很穷，没有钱供他上学读书，他就去一个财主家放羊。看到财主的儿子每天背着书包上学，路温舒心里痒痒的。“要是我能一边放羊，一边看书，那该多好啊！”他心里常常这么想。

那时的书可不像现在这样，是用纸张印的，而是用竹木片编起来的，往往一篇文章就是好几捆，不仅价钱很贵，而且十分笨重，背都背不动，又怎能带着它去放羊呢？

这一天，路温舒赶着羊群来到池溏边，温暖的阳光照在身上，舒服极了。他坐在池塘边，一边看着羊群，一边背诵着刚学到的诗歌。

念着、念着，就不由自主地想到那个困扰了他很久的问题：竹片太重能不能换一种材料抄书呢？

羊群一点儿也不理解路温舒的心事，悠闲地吃着草，喝着水，散布在草地上，像一朵朵白云。一阵风吹来，池塘里顿时兴起一道道波纹，一丛丛又宽

又长的蒲草也随风起伏，就像一条条带子在起舞。

看着，想着，路温舒突然心中一亮，这蒲草不就是现成的材料吗？他迫不及待地趟下水，摘了许许多多的蒲草。

蒲草在阳光下不一会儿就全干了，软软的、柔柔的，裁成一段一段的，正好用来编书！路温舒高兴地跳了起来，冲着羊群快乐地大笑。羊群的叫声、路温舒的笑声汇成了欢乐的海洋。

放羊回村时，同村的小朋友看着羊群后面的路温舒背着一大捆蒲草，便好奇地问道："你割这么多蒲草干啥呀？"

路温舒只是傻呵呵地笑着，并不回答。回到家里，他就开始"编"他的书了。

他先把蒲草洗净、晾干，然后理得整整齐齐的，再用绳子将它们密密地联结起来。他又向别人借了书，把书上的内容工工整整地抄录在蒲草上。

从此，路温舒就有了自己的书。每天清晨外出放羊时，他就把蒲草书带在身边，一边放羊，一边认真诵读，有时还默默地背诵。遇到不懂的问题，晚上回来便向有学问的人请教。他读完一本，再"编"一本，渐渐地，他家里便有了许多蒲草书。

路温舒敏而好学，不耻下问，因此学识进步很快。他读了不少法律方面的书，对法律问题产生了浓厚的兴趣。长大以后，他在监狱里谋了个小差事，趁这机会，他潜心研究法律，对一些问题有了自己独特的见解。他曾给朝廷上过不少奏章，建议改革法律制度，提倡多行仁义、减轻刑罚，又劝谏皇帝广开言路，听取多方的意见。他提出了许多正确的主张，做了不少对百姓有益的事情，成了中国历史上一位有名的法学家。

《汉书·路温舒列传》

本篇成语解释：

1.【不由自主】由不得自己，控制不住自己。

2.【迫不及待】迫：急。急迫得不能等待。

3.【不耻下问】不以向学问比自己差或职位比自己低的人请教为耻。

凿壁偷光

匡衡，字稚圭，西汉东海承（今山东苍山兰陵镇）人。善说《诗经》，官至丞相，封安乐侯。

山东郯城的一个小村子里有个财主，没多少文化，专门剥削租他田地的农民。

有一天傍晚，这个财主正在屋里数他的金银财宝，管家突然闯了进来，慌慌张张地对他说，外面有一个小孩来找他，想要当长工（长工就是古时候给地主财主们干活的人）。

财主感到很奇怪："一个小孩打什么工呢？领他进来问个明白。"

这个小孩年龄不大，个子不高，但眼睛里透出一股灵气。他很有礼貌地向财主施了礼，并介绍他自己，说他叫匡衡，想到财主家当个长工。

财主看了看匡衡瘦小的身躯，摇晃着脑袋说："你这个小不点儿能什么呢？"

"田里的活我都能干！"匡衡说着又加重了语气，"而且我不要一分工钱！"

财主更加奇怪了，问道："人家都嫌工钱太少了，你怎么连工钱都不要呢？"

匡衡涨红了脸说："我听说你家里有很多书，只要你肯每天借给我几本书看，我就心满意足了。"

财主心想：嗬，真是个傻小子！不过倒是挺划算，替我干活还不要钱，只要几本破书，太便宜了，反正父亲以前给我买的书放在那儿也没人理。于是财主便答应了。

就这样，匡衡有书读了。以前由于家里穷，买不起书读，现在有了书，匡衡真像是捧着宝贝一样，爱不释手。

可是白天干活太忙，没时间，只好晚上看，可晚上又没有灯。过去照明只有油灯或蜡烛，但匡衡家里穷，点不起油灯。

怎么办呢？可不能让晚上的大好时光就这么溜走啊！匡衡躺在床上，手里拿着书，望着窗外逐渐落下的太阳想办法。

不一会儿，天黑了下来，屋子里漆黑一片，但墙上的缝隙里却透出了几丝微光。匡衡连忙把书凑到有光的地方，然而光线太弱了，他根本就看不清书上的字。

不过，这倒是给了匡衡一个启发：要是把这个缝挖成一个小洞，不就可以利用隔壁的灯光读书了吗？这个想法使他兴奋了一个晚上。

第二天，他偷偷地在墙壁上一个不太显眼的地方，凿出了一个鸡蛋大小的洞。到了晚上，果然有一束光射了进来。望着书上那清清楚楚的字，匡衡像见到了好久不见的朋友一样，聚精会神地看了起来。直到隔壁熄了灯，他才恋恋不舍地合上书本睡觉。

刀不快，石上磨。人不会，世上学。

就这样，经过多年的刻苦自学，匡衡终于成为了西汉的学问家。他对《诗经》特别有研究，当时就流传着四句歌谣："无说诗，匡鼎来；匡说诗，解人颐。"意思是说：不要再讲《诗经》了，因为匡衡马上就要来了；匡衡打开书本讲《诗经》，大家听了才会高兴。

《后汉书·匡衡传》

本篇成语解释：

1.【爱不释手】释：放下，放开。喜爱到不肯放手的地步。

2.【聚精会神】全部精神都集中在一起。形容注意力集中。

3.【恋恋不舍】恋恋：留恋；舍：放弃，放下。形容非常留恋，舍不得离开。

匡衡白天干活，夜晚凿壁借光读书，这种对知识渴望，对学习渴求的精神是我们很多人所缺乏的。

孙敬悬梁

孙敬，字文宝，汉朝信都（今属河北）人。性嗜学，曾编柳写经书，闭户诵习，悬梁而读，人称“闭户先生”。

孙敬也是一个苦孩子，小的时候没钱买笔和纸，常常为此而感到苦恼，但办法总是人想出来的。

有一天，孙敬望着家门口的小树发呆，忽然他高兴地跳了起来，捡起一根树枝，大声叫道：“这不就是笔吗？”后来，他一有空就用树枝当笔在地上练字。

后来，孙敬长大了，也有了些钱，读书条件好多了，学习也越来越刻苦。他常常足不出户，几乎将所有的时间都用在学习上，以至于偶尔去集市买东西，别人就在他背后议论说：“看呀，听说就是那位‘闭户先生’。”

孙敬才不管别人怎么说，依然只读他的书。这天夜里，他又坐在小油灯前读书。夜已经很深了，窗外一片寂静，只听到几声昆虫的叫声。

“真累呀！”

孙敬站起身来，伸了个懒腰，捶了捶近乎麻木的腰。望着漆黑一片的窗外，他想：这一天过得真是快呀！一眨眼工夫，一天就过去了，可这本书还没看完呢。

于是，他又坐了下去，继续埋头读了起来，一边读，还一边用笔记下些什么。

可是不一会儿，孙敬只觉得脑袋发胀，眼皮发沉，眼睛怎么也睁不开。他赶忙揉了揉，在屋里走了几圈，喝了口水，洗了把脸，然后坐下去接着读。可没过多久，又不行了。

孙敬使劲儿地捶了捶脑袋，又洗了把脸，还咕咚咕咚地喝了几大口凉水，可睡意仍铺天盖地地袭了过来。没过多久，他就趴在桌子上睡着了。

当孙敬醒来时，已是红日当头，阳光普照。他坐起来，叹了口气："唉，一个晚上就这么白白地溜走了，真可惜呀！这样可不行，一定要想办法拉住时间的手！"

孙敬洗了把脸，目光炯炯，在屋子里走来走去。他的脑子快速地转动着，忽然什么东西撞了他的头一下，他抬头一看，原来是一根挂篮子的绳子从屋梁上耷拉了下来。

孙敬心中猛然一亮，计上心来。到了晚上，他便开始做准备工作了。他找来一根长长的绳子，把绳子的一头系在横梁上，另一头则绑在他的头发上。他试了一下，绳子太长，不起作用，于是他又把系头发的这一头解开，剪短些后再系上。当他再次坐在小桌前读书时，绳子刚好拉直。

当孙敬读书读累了，想打瞌睡时，只要一低头，绳子便拉得紧紧的，头皮就会感到一阵针扎般的痛。痛是痛一些，可睡意全没了，又可以精神抖擞地读书了。这个方法果然灵验。

就这样，孙敬每天晚上悬梁苦读，对着一盏孤灯直到深夜。后来，他果真

成了一位大学问家。孙敬悬梁的故事和苏秦刺股一样,被后人千古传诵。

《太平御览》

本篇成语解释:

1.【足不出户】不出门一步,形容闭门自守。

2.【铺天盖地】形容来势凶猛,充满了整个天地。

3.【精神抖擞】抖擞:精神振奋的样子。形容精神振作。

书铺站读

王充，字仲任，会稽上虞（今属绍兴）人。东汉思想家、文学理论家。年少时是个孤儿。后到京师太学学习，拜班彪为老师。后官至扬州治中（行政长官的助理），不久便辞官回家，专心著作，历经三十年，著《论衡》八十五篇。

东汉时期，出了一个大思想家，名叫王充。王充这个人很了不起，他写的一本名叫《论衡》的书，至今仍被学者们传诵研究。能取得这样的成就，全靠他年轻求学时打下的坚实基础。

王充小时候很聪明，六岁开始读书识字，八岁就进入本村的乡村学堂学习。县里的学官见他既聪明、又刻苦，是个可造之才，便在王充二十岁时，把他推荐到京城洛阳的太学府里继续深造。

太学府可是当时的最高学府，在那里讲学的老师都是当时有名的学者。著名的历史学家、研究儒学的大师班彪也在那里讲课。班先生讲课有个特点，就是用大量的材料来说明问题，这就要求学生们阅读许多书籍。

王充很佩服班彪，便照着班先生的话去做了。太学府里藏书很

多，于是王充就像蜜蜂采蜜一样钻进了藏书阁，白天看不完，就借出来晚上继续看，有时一直看到天亮。

一年的时间很快就过去了，藏书阁的书也基本上被王充看完了，而他自己又买不起书，怎么办呢？有一天，他偶然间听朋友说洛阳的书铺里好书挺多的，于是便直奔而去。

果不其然，洛阳城的书铺可真多啊，一家接一家。书铺里的书浩如烟海，在这里，王充又可以变成一只“蜜蜂”了。

从此，除了上课之外，王充只要有空就往书铺里跑。钻进书堆后，整个世界就好像只剩下他和书了，周围人来人往的喧闹声，附近市场里的叫卖声，他都听不见了。有时他甚至带上干粮，在书铺里一待就是一整天。

书铺的老板一开始还觉得很奇怪，后来也就见怪不怪了。他见王充如此好学，便对他十分照顾。有时时间太晚，书铺要关门了，老板就对仍沉迷在书海里的王充说：“小伙子，时候不早了，书先放在这儿，你明天再来看吧！”

王充抬起头，瞪着通红的双眼愣了好一会儿，才回过神来难为情地对老板说：“真是对不起呀！我又是最后一个！”

即使遇到刮风下雨的时候，他也是如此。

王充不但记忆力特别好，而且读书很认真，他一边读一边思考，并把老师所讲的问题和书中的内容加以比较，仔细揣摩，然后形成自己的思想。

后来，他干脆回家隐居起来，专心致志地从事著述工作。

在独居生活中，王充仍像过去读书时那样勤奋刻苦。为

黄金时代是在我们的前面，而不在我们的后面。

了能及时捕捉到冒出来的思想火花，他在门旁、窗台上、床头边，甚至连厕所里都放上笔墨纸砚，无论什么时候，只要想到一点儿东西就立刻记录下来。

功夫不负有心人，王充终于完成了《论衡》这部长篇巨著。书中犀利的批判精神和唯物主义思想，至今仍闪烁着光芒。

《后汉书·王充传》

本篇成语解释：

1.【见怪不怪】看到怪异的事物和现象，镇静对待，不大惊小怪。

王充在学习中很有自己的见地，他懂得将老师所教跟自己在书中所学相结合，并形成自己的理解。这个方法很值得我们学习。

隔篱听书

贾逵，字景伯，东汉经学家。扶风平陵（今陕西咸阳西北）人。年少聪明，二十能诵《左传》、《五经》，因博闻强识做了皇帝的侍从官，后官至侍中（职位较高的官）。一生所著经传、训诂等学术文字百余万言，后世称其为“通儒”。

贾逵是东汉时期一位著名的学者。在他小时候，他家旁边有一间学堂，有钱人家的孩子都在那儿读书，他整天都能听见琅琅书声。但是因为家里穷，他上不起学。

由于父母忙于种田，操持家务，没时间带贾逵，所以小贾逵就由姐姐领着。姐姐对他可好了，上山砍柴带着他，下水摸鱼也领着他。小贾逵最高兴的是，姐姐常常讲故事给他听。他一边听，一边想：要是以后我也能知道好多故事，也讲给小弟弟小妹妹听，那该多好啊！可姐姐讲的故事也只有那么几个。贾逵常常扯着姐姐的衣袖央求：“姐姐，再讲一个嘛！”

姐姐叹了口气，摸了摸小贾逵的脑袋说：“姐姐没上过学堂，知道的故事不多啊！”

“那怎样才能知道得多一

些呢？”贾逵闪着黑亮的大眼睛问。

“想要知道得多，就得上学堂。”说着，姐姐指了指旁边的学堂，那里的读书声似乎更加响亮了，“可惜我们家穷，没钱供你上学堂。”

从此，“学堂”两个字像钉子一样钉在了小贾逵的心里。

有一次，学堂里的读书声又传了过来，小贾逵终于忍不住跑了过去。他趴在学堂外的篱笆上，出神地望着教书先生和那些有钱人家的小孩。学堂里的小孩年龄和贾逵差不多大，教书先生也是从最简单的东西开始教，所以小贾逵去的次数多了，课堂上讲的东西也就记住了。

后来，人家上学，他也“上学”，人家放学，他也“放学”。回到家里，他竟能将教书先生讲的话说给大人听，全家人都很惊奇。

学堂里那些有钱人家的小孩见贾逵穿得破破烂烂，人又瘦又小，就存心欺负他，经常趁老师不注意时往他身上扔石子，甚至吐口水。可小贾逵一点儿也不在意，他挪挪地方，照旧认认真真地听先生讲课。

有一天，先生叫大家背课文。那篇课文已经讲过很多遍了，贾逵在外面早就背熟了，可由于学堂里的学生不认真听讲，竟没有一个能背出来，结果全都挨了戒尺。这时，贾逵不知是哪里来的勇气，情不自禁地说：“先生，我会背。”

先生和学堂里小孩的目光全都转向了小贾逵。其实先生早就注意到这个聪明伶俐又好学的“旁听生”了，便和颜悦色地将贾逵请进屋里，让他给大伙儿背一遍。

贾逵红着脸，垂着双手，从头至尾、一字不漏地将课文背了出来。先生连连叫好，那帮有钱人家的小孩从此再也不敢小瞧他了。

就这样，小贾逵通过这种隔着篱笆听课的方式，学到了很多东西，长大后成了一个著名的学者。他成名后，办了许多学堂，让那些穷人家的孩子们能够免费上学，因而受到后人的称颂。

《后汉书·贾逵列传》

本篇成语解释：

1.【情不自禁】禁：抑制。感情激动，控制不住自己。

2.【和颜悦色】颜：本指额头，引申为面容、脸色。形容态度温和可亲。

高凤护麦

高凤，东汉叶县（今属河南）人，字文通，少年时好学，终成名儒，后隐居西唐山中教授学生。不应征辟，隐身渔钓，终老于家中。

东汉时期，在现在的河南叶县有一个出了名的书呆子，他的名字叫高凤。说他呆，并不是因为他傻头傻脑，而是他对读书非常着迷。迷到什么程度呢？如果天上飘着云，他瞧都不瞧，但如果云彩里写着字，他肯定会想尽办法去天上看个明白。

高凤从小就非常爱读书，可家里穷，付不起学费，于是他就借书来抄。他经常在桌子旁一坐就是一整天，有时甚至忘记了吃饭和睡觉。家人见他看书这么久，怕他用坏了脑子，便强迫他放下书休息休息。高凤勉强答应下次不再这样了，可到了下次，他的老毛病就又犯了。

夏末的一天早晨，晴空万里，真是一个晒麦子的好天气！高凤的妻子看了看天，连忙把筐里的麦子铺到院子里晒了起来。

铺好麦子后，她往里屋一瞧，发现高凤坐在书桌旁，正入迷地看着书。她赶忙跑进屋去，一把夺过高凤手中的书扔到床上，并拉着他往外走，口里还不停地叫道：“呆子呀，你帮我干点儿活好不好？不要只待在屋里看书。我现在要下地干活了，这看麦子的事就交给你了！听到没有？”说着，她便将一个板凳、一根竹竿塞到高凤手里。

高凤无可奈何地点点头，便放下板凳，在院子里坐了下来。

高凤的妻子还不放心，走之前又嘱咐道：“你看着麦子，见鸟雀来吃，就用竹竿挥一挥，天气如果变了，就赶紧将麦子收进去，听到了没有，呆子？”

高凤答应得很好，拍了拍胸脯，学着古人的样子说道：“夫人下地干活，其余之事就包在我身上了，你就放心去吧。”

他的妻子扑哧一下乐了，笑着下地去了。

妻子走后，高凤连忙跑进里屋，从床上捡起那卷书，像捧着宝贝一样走到屋外，坐在板凳上聚精会神地看了起来。

开始时，他还没有忘记看麦子的事，一手拿着书头也不抬地看着，另一只手则机械地挥动着竹竿驱赶鸟雀。

渐渐地，他越读越专心，于是干脆把竹竿放在膝盖上，偶尔想起看麦子的事时，才举起竹竿大声驱赶一番。

鸟雀和鸡都是聪明的动物，见高凤只是偶尔挥挥竹竿吓唬它们，跟田里的稻草人差不多，也就放心大胆地过来啄食了。

而高凤呢，正捧着书入神地看着呢。

天说变就变，不一会儿，晴朗的天空突然布满了乌云，还刮起了大风。高凤读书读得正入迷，一点儿反应也没有。又过了一会儿，大雨倾盆而下，高凤这才醒悟过来，忙丢下书，抢收麦子，可麦子已泡在水里了，哪里还收得起来呀？

妻子赶回家时，见院子里满地的麦子，都被水浸泡着，心里这个气呀，但她对书呆子丈夫又能说什么呢？

高凤表示歉意地笑了笑，望着天空长叹一声："真是天有不测风云呀！"

由于高凤惜时如金，看书成癖，一生读了很多书，后来成了一个很有学问的人。

《后汉书·高凤传》

本篇成语解释：

1.【无可奈何】毫无办法可想。

牧猪听课

承宫，东汉姑幕人，字少子。少年时牧猪求学，后来成了大学问家，官至中郎将(皇帝侍从官)。

东汉时期，在琅琊姑幕(今山东诸城西北)有一个穷孩子，名叫承宫。

承宫幼年时便失去了父母，生活没有着落，八岁时便不得不到附近一户财主家去放猪。这个财主见承宫孤身一人好欺负，便对他非常刻薄。天刚蒙蒙亮，承宫就得起床，握着牧猪棒，背着镰刀、箩筐，赶着一大群猪去放牧，直到很晚才能赶着猪群回圈。

一天下来，猪喂得饱饱的，而承宫的肚子却饿得扁扁的。回去之后，吃的也只是财主家吃剩的饭菜。不仅如此，他还经常遭到财主的责骂，甚至是毒打。

承宫是一个很有志气的孩子，尽管日子过得十分艰苦，但他却酷爱学习，希望长大以后成为一个有学问的人，因此他非常羡慕那些能上学的孩子。

承宫牧猪时，总要经过一位名叫徐子盛的先生办的学堂。每次看到那些小孩坐在学堂里聚精会

神地听先生讲课，他心里就想：要是有一天我也能和他们一样上课听讲，那该多好啊！

这一天，承宫跟往常一样，赶着一大群猪往村口走，在学堂门口，他听到徐先生讲道："今天，我们讲《论语》。"

承宫一听，心想：这不是讲孔老夫子的书吗？听说孔夫子是个了不起的大圣人，今天这机会真是太难得了，我可得好好听一听。于是，他便趴在窗台上眼睛眨也不眨地听起徐先生的课来。

听得正有趣时，"嗷"的一声猪叫，把承宫从《论语》中拉了回来：坏了，我还有一大群猪呢！他赶忙跑过去，将猪一头头找回来，赶到一个小山沟里，让它们在那里吃草。他心想：等听完课，我就把猪赶回圈里去。于是他又趴在窗台边听起课来。

他专心致志地听着，简直入了神，有时还跟着学生们一起朗读和背诵课文："学而时习之，不亦说乎？有朋自远方来，不亦乐乎？"此时，他早已把牧猪的事忘得一干二净，而那一大群猪，也早已散开，不知去向了。

天渐渐黑了，财主听人说他的猪到处乱跑，气得要命，气冲冲地来找承宫。他看到承宫正趴在窗台上听课，不分青红皂白，劈头就打。

徐先生见财主在外面打人，就和学生一起出来跟他论理，财

主见说不过大家，便指着承宫对徐先生说：“你们学堂肯收留他吗？如果肯的话，我就不打了！”

见此情景，承宫跪了下来，哭着对徐先生说：“先生，求求您收留我吧，只要能听课，要我干什么都行！”

徐先生早就可怜这个没有父母的苦孩子了，见他如此喜欢读书，非常感动。他连忙扶起承宫，说：“孩子，你就留在我这儿吧，帮我干些活，跟着我好好读书！”

就这样，承宫成了这个学堂的学生。学堂负责他所有的学习费用和生活开支，他则利用课余时间帮学堂做些杂活。没过多久，承宫便成为了学堂里一名成绩突出的学生。

《尚友录》

本篇成语解释：

1.【专心致志】致：尽，极；志：心意。一心一意，聚精会神。
2.【不分青红皂白】皂：黑色。比喻不问是非对错。

承宫热爱学习，又幸运地被徐先生收留，才有了学习的机会。最重要的是，不管当初环境多么恶劣，承宫都没有放弃自己学习的志向。

负籍断酒

邴原，三国时朱虚（今属山东）人，字根矩，少以操称。后避乱辽东，归附曹操，做过五官将长史（掌管参谋的较高职位），闭门自守，非公事不出。

三国时，北海朱虚城有个穷孩子名叫邴原，十一岁时便失去了父亲，靠母亲一个人种田养活，生活贫苦不堪，可他非常羡慕那些能上学的孩子们。

有一天，他路过一家学堂，见先生正在讲课，同学们聚精会神地听着，不禁大声哭了起来。先生忙丢下书本，跑出学堂问他："你为什么在这里哭呀？"

邴原哽咽着说："我十一岁便失去了父亲，没有人能供我上学读书。今天我路过学堂，看到这里的小孩都有书读，有先生教，心里既羡慕，又悲伤，所以忍不住哭了。"

先生听了邴原这番话，很同情他，便当即答应让他免费上学。邴原上学后，十分地用功，只用了一个冬天，就读完了其他学生一年所读的书。

几年很快过去了，邴原的知识大有长进。先生感到自己的学识已经不能辅导他了，便对他说："邴原，你这几年进步很大，我真为你高兴。但学习是没有止境的，所以你应该到外面见见世面，向一些有学问的大师请教，这样你才能学到更多的东西呀！”

邴原听后，含泪告别了老师，背着心爱的书籍，四处游学去了。

邴原听说家乡西南的陈留有一位学者，名叫韩卓，很有学问。他便背上书箱，千里迢迢地来到了陈留。

韩卓爱才，见邴原年轻好学，而且朴实虚心，便很乐意收他为弟子。

两三年后，韩卓见邴原进步飞快，就又介绍他去拜陈实为师。

于是邴原又向西南走了三百里，到了颍川。陈实见邴原对问题都有自己独到的见解，因此一见面就喜欢上了这位远道而来的学生，并尽自己的力量辅导他。于是，邴原的学问又进了一大步。

后来邴原又向范傍、卢植这些当时很有名的大师求教，受益匪浅。就这样，八九年后，邴原成为了一名饱学之士。

邴原以前很爱饮酒，且酒量很大，但在游学期间，他滴酒不沾。他学成后准备回老家时，朋友们都来送行，虽然他们认为邴原不会喝酒，但离别之际，也纷纷向邴原敬酒。

邴原端起酒杯，说：“其实我以前很喜欢饮酒，但由于怕误了学业，所以在求学的这八九年间就戒酒了。明天我就要走了，今天就和大家畅饮一番吧！”

于是，邴原一杯杯地喝了起来，一直喝了一天，始终没有醉倒，趴下的倒是那些来送行的朋友们。

邴原回到家乡后，在当地讲学，他的门徒有好几百人。邴原成了三国时期一位很有影响的学者。

《三国志·邴原传》

本篇成语解释：

1.【千里迢迢】迢迢：遥远。形容路途遥远。也作“迢迢千里”。
2.【受益匪浅】从中获得的收益非常多。
3.【饱学之士】指学问很高的人。

青少年应该抓住人生中最好的学习机会，认真、努力地充实自己。但并不是人人都可以轻松拥有上学求知的机会，贫困就曾使很多孩子不得不放弃学业，过早承担起生活的重担。有鉴于此，对于能在学校攻读的每个人来说，有什么理由不力求上进、刻苦学习呢？

三余读书

董遇，字季直，三国时魏国学者，性讷而好学。

东汉末年，陕西弘农一带战火不断，又加上连年大旱，于是老百姓纷纷背井离乡，流落异地。年轻的董遇便是其中的一个，他跟随哥哥告别了家乡，来到塞外一个朋友家暂时住了下来。但是董遇兄弟俩也不能靠别人过一辈子呀，于是他跟哥哥商量了一下，决定外出找些活干，自食其力。

每天早上，他便和哥哥一起去附近的山上砍柴，然后再挑到街上去卖，勉强还能糊口。一天下来，董遇已是累得不行，两条腿像灌了铅似的，拖也拖不动；可他一回到自己的小屋，看到几卷心爱的书躺在桌子上，所有的烦恼劳累就都被抛到九霄云外去了。

董遇从小就喜欢读书。以前在家乡时，他是家里睡得最晚的人，有时他的哥哥半夜醒来，发现他仍在津津有味地看书。

虽然现在在朋友家避难，他还是不愿丢下书。

夜幕刚刚降临，董遇的那间小屋就亮起了灯。他捧书静坐的身影非常清晰地映在纸窗上。窗外万籁俱寂，月亮慢慢地躲进了云层中。

夜半时分，小村庄里家家户户都熄灯睡觉了，只有董遇的那间屋里还亮着灯，纸窗上的身影一动不动。实在太困了，他就舀一勺冷水洗把脸，觉得清醒后又捧起书认

真地读起来。

到了阴雨连绵的季节，户外的小雨一连几天下个不停，董遇一早起来，收拾完床铺，就坐在桌前读书。由于屋顶年久失修有些漏雨，雨滴在董遇的头上，他也只是把身子挪向一边，继续读他的书……

还没到冬季，塞外就已是冰天雪地了。屋外北风呼啸，下着鹅毛大雪，旷野里看不到一个人。董遇坐在桌前，一边看书，一边搓着手、跺着脚。

风敲打着门窗，发出咚咚的声音，突然轰的一声竟把门吹开了，风裹着雪往屋里直灌，屋里瞬间成了冰窟窿。董遇费力地走到门边，艰难地关上门，再搓搓手，跑几个圈，等到全身暖和起来了，就又回到桌前继续看书。

就这样，董遇读了很多书，而且还做了许多心得笔记，汇集成《朱墨别异》，受到了世人的喜爱。

董遇的名气渐渐大了起来，许多人纷纷前来向他请教做学问的秘诀，他们都问同一个问题："你怎么有那么多的时间读书呢？"

董遇对他们说："你们应该好好地利用三余。"

"三余？那是什么呀？"

董遇深有体会地回答说："晚上，漆黑一片，夜深人静，这是一天的空余时间；下雨天呢，阴雨绵绵，不便外出，这是平时的空余时间；冬天，北风呼啸，天寒地冻，除了歇息，无事可干，这是一年中的空余时间。如果我们能将这三种空余时间充分利用起来，就不会整天叫‘我很忙，我没有时间读书’了。”

那些求教的人都若有所思地点了点头。

《三国志·王朗传》

本篇成语解释：

1.【背井离乡】背：离开；井：指家乡。离开家乡，到外地去。

2.【九霄云外】霄：指天空极高处，古人说天有九重(层)。比喻无限远的地方。

3.【津津有味】津津：兴趣浓厚的样子。形容特别有兴趣。

4.【万籁俱寂】万籁：指自然界万物发出的各种声响；寂：寂静，没有声音。形容周围的环境非常安静。

5.【冰天雪地】形容冰雪漫天盖地，非常寒冷。

6.【自食其力】依靠自己的劳动来生活。

其实一个人只要坚持学习，不懈努力，就会取得长足进步。人不应该被贫穷潦倒或者富贵荣显所拖累，而应该活到老学到老，通过自身努力成为一个有所作为的人。

刮目相看

吕蒙，三国时期孙权部将，字子明，汝南富陂（今安徽阜阳）人，随孙权南征北战，屡建战功，官至南郡太守，封孱陵侯。年少时不爱读书，后接受孙权劝告，饱读史书、兵书。

吕蒙是三国时期吴国的一员猛将，他骑一匹白马，持一柄长戟，跟随孙权打败了许多敌方有名的战将，多次立下大功。孙权对他十分赏识，二十三岁时他就被提拔为中郎将。这在当时可是不多见的。

孙权对吕蒙赏识之余，却也有一点儿不放心。因为吕蒙小时候家里很穷，没钱供他上学，后来他随孙权南征北战，也没有时间读书。由于文化知识太贫乏，对兵法和基本的历史知识掌握得不多，所以吕蒙带兵打仗往往有勇无谋，别人说他或者跟他开玩笑，他也不在乎。对于吕蒙的这个缺点，孙权看得很清楚，于是决定找个机会和他谈谈。

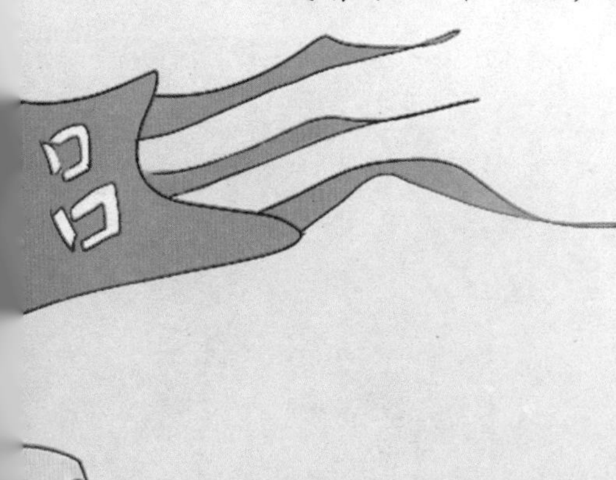

这天晚上，孙权叫吕蒙一起喝酒。吕蒙听说主公叫他喝酒，十分高兴，便兴冲冲地赶来了。

两人你一杯、我一杯地喝了起来。孙权见吕蒙喝得差不多了，便拍了拍他的肩膀说："老兄，你跟随我这么多年，立了许多战功，大家可都看得清清楚楚呀！"

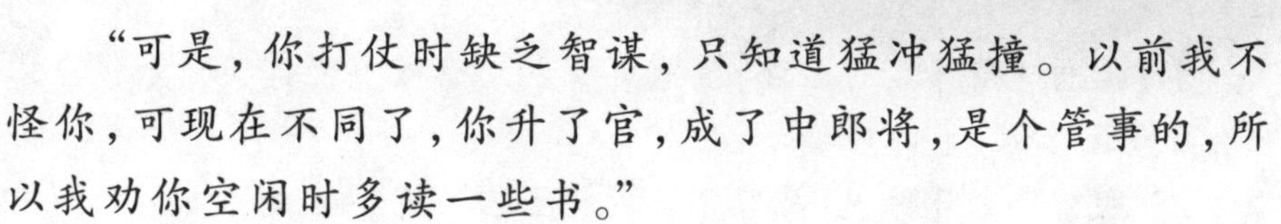

吕蒙听了，以为主公又要夸他呢，便咧着嘴“嘿嘿”地笑着。

“可是……”

吕蒙一听“可是”这两个字，心咯噔一下沉了下去，不知自己犯了什么错。

“可是，你打仗时缺乏智谋，只知道猛冲猛撞。以前我不怪你，可现在不同了，你升了官，成了中郎将，是个管事的，所以我劝你空闲时多读一些书。”

吕蒙红着脸说：“主公，我带兵打仗这么忙，哪有时间读书啊？”

孙权耐心地对他说：“我并不是要你成为一个学问很高的学者，而是要你多读一些关于历史和兵法的书，好在打仗时派上用场。你说忙，你有我忙吗？我小时候跟随父亲读过许多书，现在我每天还依然要抽时间读书。老兄，读书可以使人头脑聪明啊！”

孙权的一番话，使吕蒙如梦初醒，他当即表示要照孙权的话去做，并请孙权为他开列了一份书单。

自此以后，吕蒙像变了个人似的。一天的军事训练下来，要在以前，吕蒙准是叫上几个好朋友，一壶酒几盘菜，喝得醉醺醺的，然后倒头睡到天亮。可现在不一样了，吕蒙回到营帐里的第一件事是赶快脱下盔甲，吃完饭后便拿起书来读。遇到不懂的地方，他便请教军中的能人，弄清楚以后再读，有时甚至看书看到天亮。

三个月后的一天，吴国有名的谋士鲁肃来看吕蒙。他万万没有想到的是，以前粗声粗气、舌头在嘴里直打转的吕蒙竟然侃侃而谈，对当前的军事形势和吴国的对策都有了自己的见解。鲁肃高兴地捶了吕蒙一拳，说：“老兄，可真有你的，进步很快呀，真是士别三日，当刮目相看呐！”

吕蒙看书学习的事传到军中，大家都非常钦佩。孙权听了也不住点头，更加信任和赏识吕蒙了。

《三国志·吕蒙传》

本篇成语解释：

1.【有勇无谋】只有胆量，没有计谋。比喻做事或打仗只是猛冲猛干，而缺乏计划、不讲策略。

2.【侃侃而谈】侃侃：从容不迫的样子。不慌不忙地谈着。

3.【刮目相看】刮目：擦眼睛，指丢掉过去的看法；看：看待，对待。指别人已有显著的进步，不能再用老眼光来看待他。

吕蒙在孙权劝勉下，折节读书，学以致用，收效迅速且显著，终于成了文武兼备、有胆有识的名将。对于吕蒙折节读书，毛泽东大为赞赏，他在与解放军高级将领谈话时曾多次提到，吕蒙如不折节读书，善用兵，能攻心，怎能成大器，充当东吴统帅？我们许多将士都是行伍出身，不可不读《吕蒙传》。

琼林学医

华佗，东汉医学家，又名旉，字元化，沛国谯（今安徽亳州谯城区）人。精内、妇、儿、针灸各科，外科尤为擅长，曾制成麻沸散这一世界上最早的麻醉药剂，又仿效五种动物创立了“五禽戏”（一种体操），强调体育锻炼，以防病为主。后因不愿意为曹操做事，被曹操所杀。

华佗是我国东汉时期著名的医学家，人称“神医”，以至后来的人称赞那些医术高明的医生为“再造华佗”。可是你知道吗，华佗以前并不喜欢医学。

华佗小时候是个调皮的孩子，长大以后结交了许多朋友，却对那些从事郎中职业的人很不以为然。

这一年，华佗的母亲突然得了一种怪病，全身疼痛、红肿。华佗虽然朋友很多，但都对医学一窍不通，根本帮不上忙，请的郎中也一点儿办法都没有。不到半个月，华佗的母亲就去世了。

华佗披麻戴孝，跪在母亲的坟前发誓：从今以后我要发奋学医，为那些像母亲一样痛苦的人造福！

他听说西山琼林寺有位治化道长，是个精通内外科的名医，便决定前往求学。

他打点好行装，告别父老乡亲后就上路了，整整走了十天十夜，历尽千辛万苦，才找到治化道长。

治化道长鹤发童颜，白须飘飘，活像一个神仙。可他对华佗的到来并不热情，他冷冷地对跪拜在地上的华佗说：“小伙子，不要以为学医很容易，学医很苦的，你受得了吗？”

“道长，什么样的苦我都能吃，什么样的累我都愿意受，只要道长肯收我为徒，我一定学好医术！”华佗十分恳切地回答道长。

道长也不说什么，只是打量了一下华佗，沉吟了半晌，然后对华佗说：“这样吧，你先在这里做几年杂活再说。”说完，道长就走了。

就这样，华佗在西山琼林寺住下了。

治化道长的医术远近闻名、妇孺皆知，所以有很多人从很远的地方来找他看病，院子里病人随处可见。

华佗一会儿烧水，一会儿涮盆，一会儿替病人包扎伤口，一会儿给病人喂药，什么事情都干。

道长给病人看病时，华佗特别留心，病人吃什么药，病情有什么变化，他都一一记在心里。转眼间三年过去了，治化道长对华佗也越来越满意，便把他带到一间堆满医书的房间里，和颜悦色地对他说：“你以后就在这里好好读书吧！”

华佗一看这么多医书，高兴得嘴都合不拢。他一天到晚地在书房里看呀看，整个人都迷进去了。

这样一住又是三年，华佗的医术也越来越高明，成为了治化道长最得意的弟子。

一天夜里，华佗正在灯下看书，忽然一个道童神色慌张地进门就喊：“不好了！师父得重病了！”

华佗立刻赶到师父的卧室，只见师父面色苍白、手脚僵硬地躺在床上。华佗非常镇定，切了切师父的脉，又仔细观察了师傅的神色后，松了口气，笑了笑："师父没有病，他马上会好的。"

只见治化道长慢慢地坐起来，拍了拍华佗的肩膀笑着对大家说："我没病，只不过是想试试你们的本领。"

华佗学医成功了，他下山后依然虚心向各方名医求教。由于他勤奋学习，医术越来越高明，终于成为一代神医。

《后汉书·华佗列传》

本篇成语解释：

1.【一窍不通】比喻一点儿也不懂。
2.【千辛万苦】极多极大的辛苦。

成功不是一蹴而就的，坚持不懈地付出努力很关键。华佗也是在不断地学习中逐渐成长为一代神医的。积累是成功的基石。

浪子好学

皇甫谧，魏晋时期作家、医学家，字士安，自号玄晏先生，安定朝那（今甘肃灵台）人，所编《针灸甲乙经》是现存最早的针灸专著。

皇甫谧是西晋人，从小被过继给他的叔父，叔父叔母待他像亲生儿子一样。不久后叔父死了，叔母就把全部的希望寄托在他的身上。可皇甫谧从小就贪玩，不爱学习，屁股像猴屁股似的，坐不得板凳，看见书就头疼。到了二十多岁，皇甫谧还跟街上一群无赖子弟混在一起，一会儿用弹弓打鸟，一会儿偷隔壁王大伯家的桃子吃，不务正业，周围的人见了他都直摇头，说："这个皇甫谧算是完了！"

皇甫谧的叔母看在眼里，急在心里。

虽然皇甫谧在外面很野，在家中却是一个孝子，每当在外面弄了点好吃的东西，他总要带回来给叔母吃。

一天，皇甫谧又玩得一身臭汗，兴冲冲地跑回家，刚踏进门槛，他就喊："妈，看我给您带什么好吃的来了！"

没人回答。

皇甫谧走进里屋，见叔母躺在床上，直抹眼泪，便急忙跑过去，把从外面带回来的礼物打开，说："妈，您哭什么呀，您是不是不舒服？您看我带什么来了？荔枝！这可是南方才有的好东西呀！”

叔母擦干眼泪，推开荔枝，语重心长地对皇甫谧说：“你对我孝顺，这我知道，可是只是给我好吃的，还不是真正的孝顺啊！孩子，你二十多了，还不好好学习，怎么能令我心安呢？”

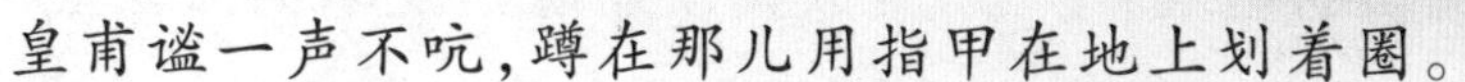

皇甫谧一声不吭，蹲在那儿用指甲在地上划着圈。

叔母叹了口气，又接着说：“我知道，你嫌我烦。不过，我还是要说。从前孟子的母亲接连搬家三次，择邻教子；曾子的妻子说给孩子杀猪，曾子就特地杀了猪给孩子吃，以身教子，表示不骗孩子。你这样不争气，难道是我没有选择好邻居，或者是我没有以身作则、教育无方吗？你自己应该知道，提高修养、勤奋学习，这都是你自己的事情。你都二十多了，也长大了，如果还是这样，你的事我以后就不管了。”

叔母越说越难过，禁不住又流下了眼泪。

叔母的一席话使皇甫谧的心灵受到了深深地触动，他决定痛改前非，立志向学，不辜负老人家的希望。

于是他将行李搬到乡下，跟随一个叫席坦的老师学习。他一面从事农田劳动，自己养活自己，一面勤奋读书。下地干活时他也带着书籍，累了就坐在田埂上读书。

浪子回头金不换。经过几年的勤奋学习，皇甫谧成了远近闻名的学者，后来他又醉心于医学，成为了一名著名的医学家。

《晋书·皇甫谧传》

优秀的书籍是抚育杰出人才的珍贵乳汁，它作为人类财富保存下来，并为人类的进一步发展服务。

本篇成语解释：

1.【不务正业】务：从事。不从事正当的职业。现也比喻不注重职务范围内的事。

2.【语重心长】语言恳切而有分量，情意深长。

3.【痛改前非】痛：彻底；非：过错。彻底改正以前的过错。

古人说："立身百行，以学为基。"学习，是一个人成长进步的阶梯，是一个人具备优良品质和走向成功的基础；学习，是人类从蒙昧到文明的必然途径，是人类社会发展的不竭动力源泉。

左思写赋

左思，西晋文学家，字太冲，临淄（今山东淄博东北）人。少时广交朋友，为二十四友之一，但因出身寒微，怀才不遇，官仅至秘书郎（掌管图书典籍的小官）。所作诗文借古抒情，有愤世不平之意。现今传世作品有《左太冲集》。

左思是西晋时期有名的大文人，可少年时代的他，一天到晚只知道玩，不喜欢坐下来读书。他父亲叫他学习书法，他写了两天，觉得没劲，就甩手不练了；让他学乐器，还专门请来乐师教他，可他也提不起兴趣，结果一事无成。

左思的父亲这下可没辙了，看见左思就摇头。有一天竟对左思说："你比我小时候差远了，我怎么会有你这么一个儿子！你呀，长大以后你到底能干什么？"

没想到左思听到这话后，受到了很大的刺激，一下子像开了窍似的，突然明白了学习的重要性。他决心奋发读书，不但要赶上父亲，而且要超过父亲。

这以后的左思像变了个人似的，勤奋学习，刻苦读书。他看了许许多多的书，学习也有了很大的进步。

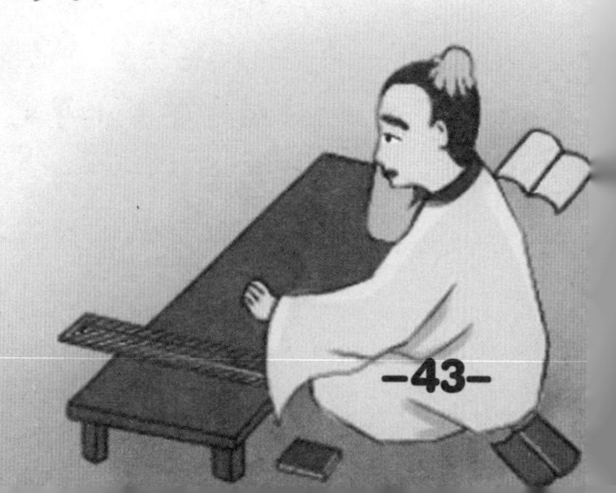

有一天，他读到东汉时期著名天文学家（也是著名文学家）张衡写的《两京赋》，非常喜欢，便决定模仿这篇文章的体裁，写一篇更为壮丽恢宏的《三都赋》，把三国时期魏国都城、蜀国都城和吴国都城的山川、地形和物产用文学的形式记叙下来。

为了把《三都赋》写好，他反复推敲，一人一事、一字一句都仔仔细细地掂量揣摩。有时为了弄清一种野兽皮毛的颜色，他竟然要翻上几十种书。为了使文章完全符合历史和地理的实际，他常常请教去过三都的人。为此，他常常是如痴如醉。

白天写作，他经常忘了吃饭，脑子里尽是文章的内容；有时刚坐在饭桌旁，他竟情不自禁地将手中的筷子当成毛笔写了起来。夜晚，在昏暗的灯光下，他把稿子改了又改。在画得密密麻麻的纸上，竟一时找不出哪些是需要保留的句子。

就在左思动手写《三都赋》的时候，一位很有名气的文学家陆机来到了洛阳，他也打算写《三都赋》。听说左思正在写作，他竟然拍手大笑，还写信给别人说："这里有一个无名小卒想写《三都赋》，那我们就等他写完后，用它来盖酒坛子吧！"

左思可不管别人怎么说，依然埋头进行他的创作。他家里到处都放着纸笔，甚至连厕所里都有。不论什么时候、什么地方，只要想到好的句子，他马上就提笔记下。

经过整整十年的艰苦创作，《三都赋》终于写成了。这时的左思也从一个青年人变成了两鬓斑白的中年人。

那位曾讥讽过左思的陆机读了左思的《三都赋》后，非常叹服，表示决定放弃写《三都赋》的计划。《三都赋》流传开后，立刻成为轰动全城的惊世之作。人们互相传抄，视为至宝。由于买纸抄写的人实在太多，以至于洛阳的纸价不断上涨，到后来洛阳竟没有纸卖了，许多人只好到外地买纸抄书。“洛阳纸贵”一时传为佳话。左思的名字也与《三都赋》连在一起，名扬四海了。

《晋书 · 文苑传》

本篇成语解释：

1.【怀才不遇】胸怀才学，而未逢其时。多指屈居微贱而不得志。

2.【洛阳纸贵】《晋书》记载左思十年著一文，写成以后，抢着抄写的人极多，以致洛阳的纸都涨价了。比喻著作风行一时，流传很广。

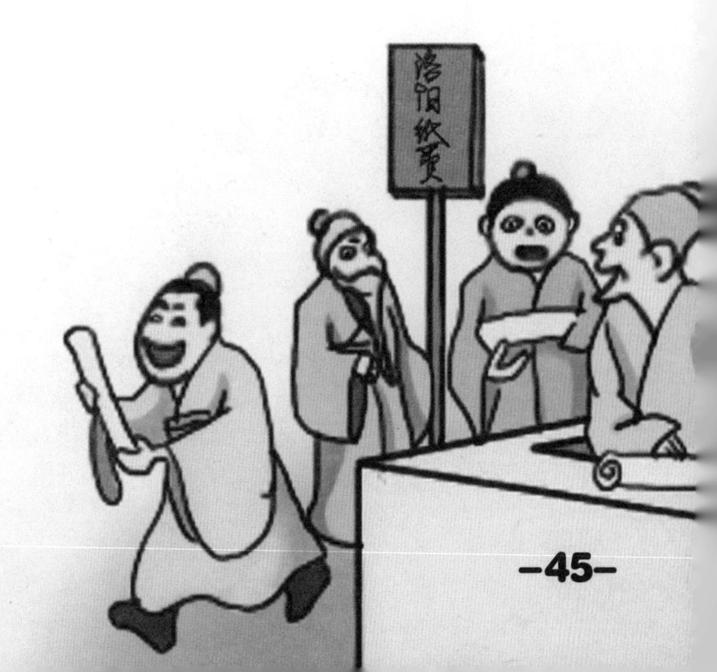

葛洪燃木

葛洪，东晋著名道教理论家、医学家、化学家。字稚川，自号抱朴子，丹阳句容(今江苏句容县)人。少好儒学，官至咨议参军(军队中的参谋人员)，晚年辞官谢客，于广东罗浮山钻研学问。著有《抱朴子·内外篇》和《肘后备急方》。

葛洪小时候家中十分贫苦，他十三岁时便死了父亲，与母亲相依为命。家里的重担全压在他瘦小的肩膀上，他靠耕种很少的一点地来维持他和母亲的生活。虽然如此，从小爱学习的他，依然设法挤时间去读书。

这天晚上，熊熊的柴火照亮了葛洪瘦瘦的脸庞，他正在木柴的火光下，照着书一个字一个字地抄录。

已经三更天了，母亲又在催他睡觉："儿啊，快睡吧，明天再抄也不迟呀。"

"娘，您睡吧。"葛洪停下笔，憨厚地对母亲笑了笑，又埋头继续抄书，"这书是从别人那里借来的，我答应明天归还，如果失信，下次就不好意思开口借书了。"

"可明天你还要去地里干活呀，这样下去，身子可要累垮的。"

“娘，不要紧，我还年轻，身子骨硬朗着呢，您先睡吧，我抄完就睡。”

母亲拿他没有办法，只有噙着泪去睡觉了。

原来葛洪总是想办法向别人借书来抄。他白天没有时间抄，只能利用晚上的时间，可晚上点油灯要花钱，笔墨纸张也要花钱，但家里穷，老这样也不是办法。

葛洪想来想去，终于想到了一个办法：每天把庄稼地里的活干完后，就到山里砍些柴，一部分柴卖掉用来买纸笔，一部分带回家，晚上当作油灯，这样问题不就全解决了吗？

第二天，葛洪照这样去做了，晚上便借着柴的火光抄起书来。

一更、二更，三更也过去了，葛洪抄书的速度越来越快。为了节省纸张，他不得不把字写得又小又密，有时正面写满了，还要在反面写。终于，当大公鸡对着太阳唱起它一天中最早的歌曲时，葛洪的书也抄完了。

葛洪丢下笔，翻着抄好的书，心中百感交集。这可是自己一夜辛苦得来的呀！

就这样，在二十岁以前，葛洪竟抄完了五经、《史记》、《汉书》等，另外还有《金匮药方》一百卷。他一边抄，一边仔细研读，认真思考，遇到不懂的问题，就寻师访友，问个明白。

经过多年的刻苦学习，葛洪终于在医学、化学等方面取得了突出的成绩，成为了一位有名的道教理论家、医学家、化学家。

《抱朴子外篇 · 自叙》

只要想学习，没有什么困难解决不了。

本篇成语解释：

1.【相依为命】互相依靠着生活，谁也离不开谁。

2.【如饥似渴】比喻要求很迫切，就像饿了渴了急需饮食那样。

古时候条件差，葛洪仍刻苦读书。现在生活好了，许多人却不好好学习。总结一下，就是学习没恒心，缺少滴水穿石的精神。葛洪没有书就借书抄写，没有纸就卖柴买纸，没有光就点燃柴火照明。我们现在什么都有，却都把心思用在玩上，这又是为了什么？

卖身求学

王育，字伯春，京兆（今陕西西安）人。少孤贫，好学，博通经史。官至太傅（辅导太子的老师）。

王育小的时候，家里很穷，为了减轻家里的负担，他不得不辍学去一个地主家放羊。可王育是多么地想继续读书啊！每天赶着羊群去山上放牧时，看见昔日的小伙伴高高兴兴地背着书包上学堂，他的心里很不是滋味，但这又有什么办法呢？

王育是个热爱学习的好孩子，又是个意志坚强的小孩。家里没钱供自己读书，他就自学！于是，他每天将羊群赶到水草充足的山上后，就打开自己以前的课本或者从别人家里借来的书，忘我地看起来。遇到不懂的地方，他就趁放羊的空隙，跑到学堂里找以前的老师求教。

可是事情总有不顺心的时候。

一天，他像往常一样将羊群赶到山坡上，让它们自己吃草饮水嬉戏，而他自己则打开书本看了起来。这是一本刚借来的书，非常有趣，他一下子就沉浸在了知识的海洋里。不知不觉间，太阳已渐渐落山了。

等到他看累了，收起书本想赶着羊群回家时，却发现羊群不见了，他的头一下大了。他找啊找，最后只找到四只羊。

回到财主家，财主见王育将羊弄丢了，便将他毒打了一顿，还要他赔羊。

王育哪赔得起啊。回到家里,母亲更是急得直抹眼泪。王育知道哭是没有用的,早熟的他知道该怎么去做。

第二天,正是赶集的日子,街上人来人往,热闹异常。在集市的拐角处,围着一大群人,里面的人摇头叹息地挤了出来,而外面的人却削尖了脑袋想挤进去看个究竟。

许子章是当地一个颇有名气的学者,正想去集市买点东西,经过这里时,听到有两个从里面挤出来的人议论道:“现在的世道啊,真是不行啦,八岁的小孩自己卖身,真是可怜呐!”

听到这儿,许子章起了怜悯之心,他奋力挤了进去。只见一个孩子头插草标,面色凝重地靠着墙壁跪着,他面黄肌瘦、衣不蔽体,非常可怜。许子章情不自禁地上前问小孩,为什么要卖身呢?那小孩回答说,他叫王育,读书时丢了财主家的羊,但家里贫困赔不起,于是只好卖身赔羊。

许子章见王育因为读书而丢了羊,可怜中又生感动,便当即决定“买”下王育,不仅替王育赔羊,而且让王育跟随他一起读书。

王育听了许子章的话后抬起头来,满脸泪水地望着他。许子章慈爱地点了点头,王育这才放声大哭起来。这哭不是悲,而是喜,是为碰到许子章这样的好人而喜,更是为终于能够读书而喜!

就这样,王育便到许子章的家里,和许子章的儿子一起读

在知识的海洋里徜徉,没察觉到时间的流逝。

书，最后终于有所成就，成为晋代的一名大学者。

《晋书·王育传》

本篇成语解释：

1.【面黄肌瘦】形容人营养不良或不健康的样子。

2.【衣不蔽体】蔽：遮盖。衣服破烂，遮盖不住身体。形容生活贫苦。

王育忘我的学习最终感动了许子章。无论学习环境有多差，都不要放弃学习，因为坚持总会有所收获。

孙康映雪

孙康，西晋京兆人，天性聪慧，勤奋好学，清廉正直，交友不苟，官至御史大夫（监察百官的官员）。

故事发生在西晋，主人公是一个名叫孙康的小孩。

孙康小时候可聪明了，三岁时就能识字念书，但因家境贫寒，失去了上学读书的机会。他是家中长子，和父亲共同承担着家庭的重任，白天要干活挣钱养家，没有时间读书。到了晚上，干了一天活的孙康累得筋疲力尽，但一想到自己年纪轻轻，如不好好学习，迟早会成为没有知识、没有学问的庸人。想到这里，孙康便点上油灯，翻开书本读了起来，几页书读下去，顿时觉得神清气爽，先前的疲乏和睡意也消失得无影无踪。

就这样，白天干活，晚上点上油灯看书，孙康觉得自己生活得很有意义。

可好景不长，由于晚上看书看到很晚，油用得特别多，有时候，一个晚上下来，灯里油就耗没了。古时候，油特别贵，这样下去，一个月得多花几十个铜子儿。看到父母亲日益苍老的面容，他实在是不忍心多花这几十个铜子儿。

怎么办呢?

时间过得飞快,转眼间冬天来了。

冬天的夜晚来得特别早。这天晚上,孙康恋恋不舍地放下书本上了床。躺在床上,他心里仍默念着刚才读过的段落,念着,念着,忽然看见窗外透进几道白光。

“咦,今天天怎么亮得这么早啊?”

他连忙起床,穿好衣服,打开门一看,嗬,好大的一场雪呀!树枝上、田野里、屋顶上都披着一层厚厚的银装。雪飘飘洒洒地从天上落下来,静静的,悄悄的,无声无息。

好一幅雪夜图!

他忘情地在雪地里走着,雪在脚下咯吱咯吱直响,雪光也有些刺眼。突然,一个念头在他脑海中闪现:“雪光这么强,我为什么不就着雪光看书呢?”

他连忙跑进屋搬出一张小凳子、拿上书,穿上棉衣又披上棉被。借着雪光打开书一看,啊,出人意料的清晰,雪光甚至比油灯还亮呢!他兴奋极了,借着雪光忘情地看起书来。

风越刮越猛,雪越下越大,孙康披着棉被还觉得冷飕飕的,可他一点儿都不怕。他跺了跺脚,哈了口热气,搓了搓手,就又埋头看了起来。

从此以后,凡是下雪天,孙康总是不

失时机地映雪读书，既顾不得天冷，也不感到疲倦，夜以继日地读到天亮。

皇天不负有心人，由于孙康勤奋学习，后来终于成了一个很有学问的人，并当上了御史大夫。

《晋书·孙康传》《尚友录》

本篇成语解释：

1.【筋疲力尽】形容极度疲乏，一点儿力气也没有了。

2.【无影无踪】一点儿影子、一点儿踪迹也没有。

3.【出人意料】出乎人们意料之外。

车胤囊萤

车胤，字武子，东晋官员。少时谦虚、勤奋、博学。官至护军将军，后为人所害。

车胤生活在晋代，他的祖父当过太守，家境还算富裕。有一年，家乡一带闹灾荒，老百姓无粮度日。他的祖父为民请愿，上书朝廷，请求打开官仓，救济百姓，竟因此受到迫害。从此，车胤的家境便一落千丈了。

俗话说：穷人家的孩子早当家。年少的车胤成了家里的顶梁柱，早上上山砍柴，下午去集市卖柴，生活过得十分清苦。但车胤非常喜欢读书，有时梦里都想着自己在读书呢！

可白天要干活，没时间，晚上是空闲的，但又没有钱买油点灯。为此，他常常叹息："唉，要是有一盏灯，哪怕是一点点光，我就可以读书了。"

夏天的一个夜晚，车胤家里黑灯瞎火的，他正为无法读书而发愁。邻居的小伙伴们约他出去玩，他想闲着也是闲着，于是就和他们一起去了。

来到村外的田野上，只见夜空中星光点点，麦田里传来的清香沁人心脾。更使小孩们感兴趣的是，一只只萤火虫像提着灯笼似的飞来飞去，一闪一闪的，又像是夜空中眨着眼睛的星星，真是美极了！

孩子们欢呼起来，纷纷用手中的蒲扇捕捉萤火虫，有的干脆脱下衣服去捉。田野里回荡着孩子们的欢笑声。

不一会儿，每个人都捉住了好几只。孩子们把流萤集中起来，放在一个小伙伴的口袋里，让他用手按住袋口。尽管农家自制的白布很厚，但仍有一团萤光隐隐地透出来，绿幽幽的，煞是好看！

看着这透着萤萤绿光的口袋，车胤心中不禁一动：要是把流萤装在薄薄的白纱袋里，不就可以照明看书了吗？

想到这里，他心里一阵激动。

于是他将小伙伴召集起来，对他们说："我有一件事求大家帮忙。你们每天都捉二十只萤火虫给我的话，我……"

话还没说完，小伙伴们就七嘴八舌地嚷了起来："萤火虫多好玩啊，我可不白白给你！"

"你要那么多萤火虫干吗？"

车胤想了想说道："你们如果给我捉萤火虫的话，我就给你们讲一个故事！"

"好，就这么定了！"

孩子们高兴极了，因为他们知道车胤看的书多，肚子里有好多有趣的故事。

就这样，车胤每天都会收到小伙伴们送过来的萤火虫。晚上，他把萤火虫放在口袋里，用绳子把口袋扎紧挂在案头，然后便捧着书本聚精会神地读。

整个夏天，车胤在萤火虫的荧光下读了好多书。

后来，车胤成为了一个很有学问的人。他曾任国子博士（相当于现在的名牌大学教授），教几百名太学生。

《晋书·车胤传》

本篇成语解释：

1.【一落千丈】原来形容琴声降落。后来多用于形容景况、地位急剧下降。

2.【沁人心脾】原指吸入芳香、凉爽的空气或饮了清凉的饮料，使人感到舒适。也用来形容文学作品美好感人，给人清新、爽朗的感觉。

3.【七嘴八舌】形容你一句、我一句，人多嘴杂，或形容群众充分发表意见。

依缸习字

王献之，字子敬，东晋书法家。琅琊临沂（今山东临沂北）人。王羲之第七子。官至中书令（负责起草皇帝命令的高级官员）。擅长书法，与其父并称“二王”。其草书在继承王羲之书法风格的基础上，更发展了豪迈奔放的一面。

王献之有个很有名的父亲，就是那位在中国历史上被称为“书圣”的大书法家王羲之。因为有一位很擅长书法的父亲，王献之很小的时候，接触到的东西就是笔、墨、纸、砚四件宝贝（人称“文房四宝”），可能是遗传，小献之特别喜欢它们。

当父亲练书法的时候，他就趴在桌子上，瞪着圆溜溜的大眼睛看父亲怎么一转、一折，写成非常好看的字。

王献之稍微懂事点后，王羲之看他对书法很有兴趣，就教他怎么握笔、怎么运腕，让他练习横、竖、点、撇、钩等基本功。

就这样过了几年，王献之的字居然写得有模有样，而且已经小有名气了，王羲之的许多朋友都称赞说“有其父必有其子”，“王献之简直是书法神童”一类的话，王献之听了心里美滋滋的，有点儿飘飘然了。王羲之把这些都看在眼里了。

一次，王献之写了一个“大”字，觉得特别满意，便自鸣得意地找来父亲评定。他呀，其实是想得到父亲的表扬。可王羲之看了，一句话也没讲，只在“大”字底下添了一点，便成了一个“太”字，他叫献之拿给母亲看。

母亲接过字，端详了半天，说：“我儿练字千日，只有一‘点’有功力。”

王献之顺着母亲的手指看去，惭愧极了：原来那一“点”正是父亲在“大”字底下加的那一点！

王献之接过纸，心里非常难过。他低着头走到父亲跟前，问道：“父亲，我练了那么久，为什么还是不如您写的字呢？”

王羲之一笑，拍着王献之的小脑袋说：“儿子，跟我来吧！”

王献之跟在王羲之身后来到了院子里。院子挺大，除了许多花草树木，最显眼的就是十八口水缸。可这和练字有什么关系呢？

王羲之指着那十八口大水缸，对疑惑不解的王献之说：“儿子，要练好字，没有什么秘诀，如果你将这十八口缸里的水练完，你的书法自然就水到渠成了。”

王献之若有所思地点了点头：哦，原来父亲的秘诀就是下苦工夫。我有点儿小进步就骄傲，真是丢死人了，我以后一定要下苦工夫！

王献之说到做到。他每天早晨起来就到水缸边舀水磨墨，早上练十张纸，下午练十张，晚上再练十张，而且他比原来练

水不流，会发臭；人不学，会落后。

字时更加用心，在写每个字之前都仔细分析、揣摩，然后才下笔。一遍不行，就来两遍；两遍不行，再来第三遍，直到觉得满意为止。

王献之天天依缸习字，不久，院子里的十八缸水全用完了。后来，他终于成为了东晋著名的书法家，与父亲王羲之齐名，并称“二王”。

《晋书·王献之列传》

本篇成语解释：

1.【自鸣得意】鸣：表示，认为。自己认为很得意。

2.【水到渠成】水流到就会成渠。比喻条件成熟，事情就会顺利完成。

学习最忌讳自满自足，贵在及时反省。王献之在父亲的点拨下刻苦练习，最终取得成就，是我们学习的典范。

随月夜读

江泌，字士清，南北朝南齐考城（今属河南）人。官至南康王子琳侍读（老师之职）。

南北朝时期，有一个穷孩子，名叫江泌。他从小就失去了父亲，母亲靠帮别人洗衣服挣钱，母子俩过着贫穷的日子。江泌很懂事，见母亲很辛苦，便去了一家鞋店做学徒，自己挣口饭吃。

母亲见江泌小小年纪没有书读，每天像大人一样早出晚归，忙个不停，心里非常难过，常常暗暗地落泪。江泌知道母亲的心事，便经常安慰她："您不要担心，我不会丢下书本的，我会抓紧时间读一些书，长大后做个有学问的人！"

可是江泌白天帮师父做鞋子，没有空余时间。到了晚上有时间了，又没钱买灯油。要知道，江泌当学徒是没工钱可拿的，单靠母亲那几个辛苦钱，哪够买油点灯呢？

江泌左思右想，也没有一个好办法。

这一天是中秋佳节，月亮像一个圆圆的玉盘挂在天空中，皎洁的月光照在田野里、树枝上，也照在江泌家的小院子里。

江泌和母亲在院子里赏月。他望着天上的月亮，心里在祈祷："月亮姐姐，请你帮我想个好办法，让我能在夜里读书吧！"

月亮姐姐没有回答，只是将她所有的光辉洒在大地上，连屋角那些细小的东西都照得清清楚楚。

江泌不禁心中一动：“月亮的光这么强，应该可以看见书上的字吧？”

他连忙跑进屋拿出一本书，坐在石凳上翻看：哇，真的好清楚呀！比油灯还亮呢！

于是，他兴奋地借着月光一页一页地看了起来。

夜是那么的静，光是那么的亮，江泌觉得从来都没有像今天这么快地理解书中的内容和道理。

他笑了，母亲也笑了，月亮姐姐的光也更亮了。

读着、读着，一丛树影笼罩了江泌的书。江泌抬头一看，原来时间过得飞快，月亮逐渐地向西移动，躲到树的后面去了。

江泌想，这本书这么有趣，月光又好，今天可要把它看完。于是他搬来梯子搭在屋檐上，准备爬上梯子继续看书。母亲见了忙叫道：“孩子呀，要当心啊！”

“娘，不要紧，我会小心的。天晚了，您先回去睡吧！”

母亲点了点头，她知道江泌今天特别高兴，不看完这本书是不会休息的，于是就自己回去睡了。江泌则登上梯子，坐在较高的一坎上继续看了起来。

月亮一点一点地西沉，江泌也追着月光一坎一坎地往上爬，最后，他坐在屋顶上才将手中的这本书读完。

此后，每当满月当空、星光闪耀的时候，人们总会看到江泌家屋顶上那瘦小的身影。

《南史·江泌列传》

本篇成语解释：

1.【早出晚归】清早外出，夜晚才归来。
2.【左思右想】反复考虑。

江泌家贫，从小就知道为母亲承担家事，同时也不放弃读书学习，还用月光代替油灯读书，很是刻苦。

菩萨显灵

刘勰，南朝时梁国文学批评家，字彦和，东莞莒（今山东莒县）人。晚年出家，改名慧地。所撰《文心雕龙》是我国第一部系统的文艺学批评著作，在文学史上占有重要的地位。

刘勰是南北朝时期山东的一个穷青年，虽然家里没有多少钱买书，但他总能想到办法，比如去别人家借书，以此来满足自己的求知欲。

二十岁时，刘勰对知识的渴求更加强烈了。不幸的是，他的父亲也在这一年去世了，父亲去世前对他说："孩子啊，我没有什么本事，没有钱供你读书，今后只能靠你自己去闯了！"

父亲的话，刘勰始终记在心里。

父亲死后，刘勰觉得想要干一番大事，非得博学多闻不可。可是周围人有的书他大都借来看了，再去哪儿找书看呢？

在一个很偶然的情况下，刘勰听说南京的定林寺

藏书很多，而且那里的住持是个很有学问的和尚。于是刘勰便决定去定林寺。他告别家人，从京口（今江苏镇江）步行到定林寺，并在附近的一家农舍里住了下来。但自己与住持素不相识，又怎能借到书呢？刘勰想了半天，才想出了一个好办法。

这天晚上，定林寺的住持僧佑刚看完经书，正一边一颗一颗地数着念珠，一边颂着佛经。突然，一个和尚上气不接下气地跑了进来，喘着粗气对他说：“师父，菩萨显灵了！”

“什么？菩萨显灵了？”僧佑惊呆了，不敢相信自己的耳朵，忙和小和尚一溜小跑进了大殿。

大殿上空无一人，只有几根香烛袅绕起几团烟雾。

“没有声音嘛！”僧佑说。

小和尚躲在僧佑身后，哆哆嗦嗦地指着佛像说：“师……师父，过……过一会儿就有声音了。”

果然，过了一会儿，有一个声音从佛像那边传来，高高低低，很有韵味儿。僧佑仔细一听，原来是佛经的一段，而且还读错了几个字。僧佑心里一下子就明白了：这不是菩萨显灵，而是有人在捣鬼。他厉声喝道：“你是何人，竟敢在佛门清静之地喧哗？”

声音马上停了下来，接着从佛像后跳下一个眉清目秀的青年，见到僧佑，低头便拜，说道：“师父可是江南有名的僧佑大师？我叫刘勰，在家听说了您的大名，而且知道定林寺藏书众多，便想来拜见师父，读书学习，但因无人引见，只好出此下策，望大师恕罪。”

僧佑是个对读书人特别偏爱的人，又加上刘勰衣衫整洁，谈吐大方，言语恳切，便一下子喜欢上了他，不仅不怪罪，还说：“你这样爱学习，那留下来读书便是。”

就这样，刘勰便留了下来，帮助僧佑管理定林寺的藏书。

刘勰高兴极了，因为寺内不仅有佛经，还有各种著作。他夜以继日地在藏书楼读书，就像一条小鱼游进了大海，拼命地吸吮着知识的营养，他还和僧佑成了忘年之交。

刘勰爱读书、苦读书的好习惯一直保持到老，终于成为南北朝时期著名的文学理论家。

《梁书 · 刘勰传》

本篇成语解释：

1.【博学多闻】学问广博、见闻丰富。

2.【眉清目秀】形容容貌清秀。

3.【忘年之交】忘记年龄的朋友。即不拘年岁行辈的差异而结交的感情深厚的朋友。

一字之师

李相，唐朝大臣。字长源，京兆（今陕西西安）人，官至监察御史（职掌监察百官的最高职位）。

唐代有一个大臣，名叫李相。这个李相非常谦虚好学，只要别人比自己强，不管是老是幼，地位是高是低，他都虚心求教。这其中就有一个"一字之师"的故事，挺有意思。

李相很喜欢读书，而且他读书有一个习惯，就是喜欢高声朗诵。据李相自己解释，说这样有助于理解和记忆。

这一天李相休假，于是他在家捧书阅读，读着、读着，便不禁站起身，大声地朗诵起来，声音有高有低、有急有缓，颇有激情。但是他在念"幕"字时，经常错读为"吹"。

旁边的仆人听到了，心里挺着急的，心想：李大人是在朝廷里做官的人，好学是出了名的，念错了字，岂不让旁人笑话？

这仆人刚想提醒李相，可转念一想，他贵为大人，而我只是一个端茶倒水的小仆，如果我为他指出错误，他肯定会不高兴，他不高兴的话就有可能赶我走，那我不就完了？不行，我不能说。于是，他就站在旁边，一动也不动。可他脸上的表情却随着心理活动发生着变化，最终被李相发现了。

李相放下书，对仆人说：“我看你想说什么，可又没说出来，是不是有什么事瞒着我呀？”

仆人没想到李相会问他。他犹豫着，说吧，得罪了李大人可不得了，不说吧，又过不了这关。他眼珠一转，计上心来，巧妙地回答道：“不是的，大人。只是我刚才听大人念书，念到一个字，”说着，他拿起书，指着“蒂”字说，“这个字老师以前教我念‘zhǒu’，可今天听大人念‘chuī’，才知道我以前念错了。我想到自己一直错到现在，有点儿不好意思。”

在学习上帮助他人也要因人制宜。

李相听了，心里暗暗琢磨：“他是由老师教过的，应该没错，而我是根据书中的注文读的，可能是我错了。”

他抬起头，毕恭毕敬地对仆人说：“不对，不对，可能是我读错了。你把原书拿过来，我再看看。”

仆人连忙把书递过去。李相仔细阅读了原文和注文，发现是自己粗心大意念错了字。

李相心里非常惭愧，对仆人说：“虽然我在朝廷做官，你是我的仆人，但在认‘蒂’这个字上，你是对的，我理应向你表示感谢！”

说完便马上站起身拉住仆人的手，要他坐在自己的座位上。

仆人被李相这突如其来的举动惊呆了，连连摆手。李相把他一把拉住，硬让他坐下，然后毕恭毕敬地倒身下拜。

拜完后，李相笑着对仆人说：“你可是我的‘一字之师’呀。”

仆人愣了好半天才缓过劲来，也跟着哈哈地笑了起来。

不久，李相拜“一字之师”的故事便传遍了整个长安城。

《新唐书 · 李相传》

本篇成语解释：

1.【计上心来】心里突然有了计策。

2.【粗心大意】做事不细心，马虎。

求学就该有这种追求细节的精神，一句话甚至是一个字都需要拿捏准确。

公权练字

柳公权，唐朝大臣、书法家。字诚悬，京兆华原（今陕西耀州）人。官至谏议大夫（掌管侍从规谏的官员）、太子詹事（职掌太子家事的官员）。封河东郡公。工于书法，尤以正楷知名。他的书法体势劲美，自成一家，与颜真卿并称“颜柳”。

古代人们都是用毛笔写字的，并形成了中国独有的书法艺术。其中有一种字体，人称“柳体”。柳体是不是姓柳的人创造的呢？是的，柳体就是唐朝大书法家柳公权创造的。

可是小时候的柳公权，字写得不是很好，竖也竖不直，捺也捺不好，就像条老鼠尾巴似的，难看死了。他的父亲和母亲经常批评他，告诉他只有勤奋苦学，才能练出一手好字。

柳公权可是一个不服输的孩子，听到父母亲的批评，就憋了一肚子的气，心想：我就练给你们瞧瞧！

于是，不管是白天还是黑夜，是晴天还是雨天，他每天都

握着毛笔对着字帖使劲地写呀、写呀。过了几个月，他的字果然进步不少，比同村的小孩们写得好多了。父母亲都高兴地笑了，对他进行了表扬。

这一表扬他倒不打紧，柳公权的小尾巴可就翘了起来，骄傲得像只小公鸡似的。

有一天，柳公权和同村的小朋友玩捉迷藏。每个人都想当大将军，不想当大坏蛋，怎么办呢？

有的说猜拳吧，剪刀、石头、布，多简单呀。

有的说比力气，力气大的当大将军，力气小的当大坏蛋……

柳公权心想：我猜拳、力气都比不上别人，肯定要当大坏蛋了。于是他急忙提议："玩猜拳、比力气多没意思，还不如比赛写字，谁写得好谁就当大将军，谁写得不好就当大坏蛋！"

其余几人相互看了看，便同意了。就这样，几个小朋友都用树枝在沙地上写下了自己最拿手的字。

字写好了，可由谁来当裁判呢？柳公权一眼看见旁边有一位挑着豆腐担子休息了许久的老头，便跑过去拉着老头的手说："老爷爷，你看我的字是不是写得最好？"

老头走过去看了看几个人写的字，觉得确实是柳公权写得

在求学的道路上，越容易骄傲自满的人越经不起挫折。

最好，可他转念一想：这小孩虽然功底不错，可就是太骄傲了点，我可要给点苦头他尝尝。于是老头装出无所谓的样子对柳公权说：“我看你的字写得不算好，华原城里有个人用脚写字都比你写得好呢！”

柳公权哪里受过这样的委屈，一听就气坏了。有人用脚比我用手写得好，哪有这样的事，这不是欺负人吗？他越想越生气，越生气越想哭，最后哇的一声哭了出来，噔噔噔地跑回家去了。

五天后，柳公权已经将这件事忘得差不多了。他随父母去华原城赶集，突然看见城门口围着一大群人在看热闹，他便一头钻了进去。进去一看，发现一个老头不用双臂，只用脚趾夹着毛笔写字。只见他脚腕一收一放，一眨眼工夫，一张雪白的大纸上就出现了一行苍劲有力的大字。而那人就是挑担子卖豆腐的那个老头！

柳公权惭愧极了，他想人家用脚写字都写得那样好，而自己刚开始练字就骄傲自满，真是不应该呀！

从此，柳公权练字更加卖力了。经过长期苦练，他终于成了一代书法大师，连当时来唐朝的外国人都非常喜欢他的字，将他的字描在钱上，说这是买到柳公权的字了呢。

《后唐书 · 柳公权传》

本篇成语解释：

1.【自成一家】指在学问或技艺上有所创新，能自成体系。

马厩宰相

苏颋，字廷硕，唐武功（今属陕西）人，少敏悟，性廉俭。官至宰相，封许国公。他的文章写得气势磅礴（páng bó），被称为“燕许大手笔”。

苏颋是唐朝人。他小的时候，父亲是个大官，一家人住的是大房子，吃的是鸡鸭鱼肉，整天还有丫环仆人伺候着。

但是好景不长。有一天，一个道士到家里拜访苏颋的父亲，正巧苏颋在院子里玩耍。那道士看了苏颋一眼，顿时神色大变，神秘兮兮地对苏颋的父亲说：“从你儿子的面相来看，他将来可能会给你的官运带来不好的影响，你可要趁早采取措施啊！”

听了道士的话，苏颋的父亲不顾母亲的苦苦哀求，下令不准苏颋和他们住在一起，还把苏颋的行李搬到马厩，因为那道士说只有让苏颋和马住在一起才能避邪。

苏颋像一下子从天上掉到了地下，完全换了一种生活。没有了父母亲的爱抚，苏颋心里难过得不得

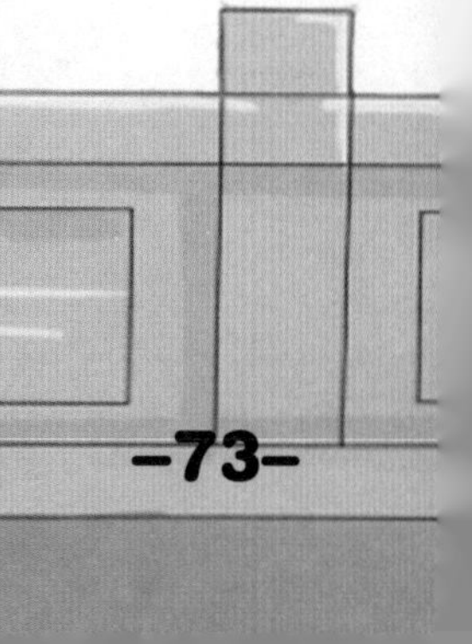

古往今来，凡成就事业，对人类有所作为的，无不是脚踏实地，艰苦登攀的结果。——钱三强

了，可又有什么办法呢。他只好每天和仆人一样干着又重又累的活。

幸好他还有书。苏颋是多么喜爱读书啊！虽然环境改变了,但只要有书,苏颋就觉得生活还有意义。

苏颋每天拖着又酸又痛的身体回到马厩时,长工们都呼呼入睡了。马棚里只有马匹不断发出的响鼻声和一种特有的臊味,昏暗的油灯闪烁着游移不定的光,蚊蝇在油灯底下不停转着圈,这里就是苏颋的新“家”了。

开始时苏颋有点儿不适应，但不久后他竟然觉得这里是读书的好地方。不管是冬是春,是夏还是秋,也不管白天多苦多累,晚上他总是捧着一本书聚精会神地看着,有时也站起来走到马棚里,对那些马说些只有他自己才知道的诗、词、文章;有时则坐在简陋的用来铡草的刀旁，用他母亲偷偷塞给他的毛笔记下白天偶尔想到的诗句、晚上吟诵的文章。

那些长工们对苏颋特别佩服，因为他有一肚子讲不完的故事、道理。

苏颋十几岁时的一天,有位客人来拜访他的父亲,可他父亲出去办事还没回来,于是客人便踱着步子在院子里转悠。这时,苏颋像往常一样打扫着庭院。扫着扫着,他口袋里掉出一张纸。那位客人捡起来一看,发现是一张诗稿。这是一首咏物诗,其中有两句“指如十挺墨,身似两张匙”,比喻贴切,对仗工整。十几岁的少年能写成这样,已经很不错了。

这时候苏颋的父亲回来了,那位客人急忙恭维道:“哎呀,苏大人家真是文气浓郁，连一个扫地的童仆竟也能吟诗作对呀！”说着,便指了指正要离去的苏颋。

苏颋的父亲非常不好意思,脸红一阵白一阵地对客人说:“那是我的儿子啊！”

客人感到非常奇怪，苏颋的父亲便将其中缘由一五一十地讲了出来。

客人这才恍然大悟，婉言相劝道："这孩子天赋不错，怎么会对你的前程有影响呢？何况你还是他的父亲呀！"

苏颋的父亲心里本来就很内疚，听客人这么一说，便把苏颋从马厩接了回来，重新给他良好的学习条件。

苏颋有了这么好的学习条件，就更加刻苦了，后来不仅成了一位有名的大文学家，还当上了宰相。

《新唐书·苏颋传》

本篇成语解释：

1.【气势磅礴】磅礴：广大无边的样子。形容气势极其雄伟。

2.【一五一十】原指计数，后比喻叙述时清楚而无遗漏。

苏颋幼年时并没有因为学习条件变差而放弃学习，最终才取得了成就。所以说，持之以恒对于学习来说是至关重要的。

韩干学画

韩干，唐朝杰出画家，善画人物肖像，尤其擅长画马。

唐朝都城长安有一处地方，名叫蓝田，那里山清水秀，草木茂盛，风景如画。长安城里许多有钱的人经常到那里骑马游玩。

韩干当时只有十二岁，虽然家里很穷，但他却人小志大。他喜欢画画，尤其是喜欢画马。他父亲把这些都看在了眼里。

一天，父亲拉着小韩干的手说："孩子，我知道你喜欢画画，可家里穷，不能请老师教你。不过我跟一个朋友说了，想送你去一家酒馆当学徒，你挣点儿钱将来好拜师学画。"

韩干高兴地答应了。

韩干做学徒的这家酒馆的老板欺负韩干年龄小，所有的杂活都让他去干，一天下来，可怜的小韩干已经累得快趴下了，但那可恶的老板却还要他去外边送酒、讨账。

韩干虽然累得不行，可他心里依然忘不了画画。他每天出去送酒、讨账，一有机会就观察街上的马怎么走、怎么跑，走的时候马的肌肉怎样动，跑的时候是不是四只蹄同时着地等等。回到他的小屋后，不管多累，他都要将白天看到的情景画下来。

这一天，韩干挑着担子去送酒，他要去的这一家的主人名气很大，就是当时的诗人和书画家王维。韩干敲开门，王维的仆人对他说王先生出去了，马上回来，让他在院子里等一会儿。韩干便放下酒担等王维回来。

可左等右等，王维还没回来。估摸着王维一时半会儿回不来，韩干便顺手捡起一根树枝在地上画起画来。他画了一匹后腿蹬地、仰天嘶叫的烈马，又在马背上画了一名骑手。正画着，忽然听到背后一声喝彩："画得好！"

韩干急忙回过头，原来是王维回来了。他赶紧扔掉树枝，毕恭毕敬地向王维施礼。

其实，王维回来很长时间了，他被韩干的认真劲儿和地上那幅烈马图吸引住了，不忍心去打扰他。

王维捻着长须，将韩干画的马又仔仔细细欣赏了一番，一边看还一边不住地点头。

他回过头，对韩干说："你的画是跟谁学的呀？"

平时仔细观察对学习的进步很有帮助。

“王先生，我家里穷请不起先生，只是在私下里瞎画。让先生见笑了。”韩干觉得很不好意思。

“嗯，画得很不错，很有天赋啊。”王维沉吟了片刻，对韩干说，“这样吧，以后你就不要干这种粗活了，我出钱请一位老师教你画画，好不好？”

听到这话，韩干简直不敢相信自己的耳朵，泪水马上流了下来。他什么话都说不出来，只是重重地向王维磕了一个头。

就这样，韩干在王维的帮助下拜了一位著名的画家为师，苦学十年，专门画马。有时他跟着马群跑出很远，有时则在马厩里观察马的习性和神态，后来他干脆住在马厩里，一待就是四年。

他画的马神骏、雄健，与众不同、别树一帜，成为一代画马大师。他为唐玄宗的一匹宝马画了一幅图，题为《照夜白图》，是他的传世佳作之一，画中的马四蹄腾骧，仰首嘶鸣，生机勃勃。

《新唐书·韩干传》

本篇成语解释：

1.【毕恭毕敬】以恭敬的态度来看待。后亦形容十分端庄和有礼貌。

2.【别树一帜】另外树立一面旗帜。比喻开创新路另成一家。

柿叶练字

郑虔，字若齐（一字弱齐、若斋），荥阳（今河南荥阳）人。唐朝学者、画家、书法家。善书、画、诗，人称“郑虔三绝”，与李白、杜甫交好，安史之乱时被委任为水部郎中（掌管水道的高级官员），之后数年去世。

唐朝都城长安的东南方有一座有名的寺庙，叫慈恩寺。寺里有一座有名的大雁塔，相传唐僧从西天取经回来后，就是在这座寺里翻译佛经的，所以慈恩寺长年香火不断，热闹非凡。

慈恩寺门前有十几棵高大的柿子树，据说是刚建寺时栽下的。夏天时，柿子树参天蔽日，怕热的人们经常在树荫下乘凉；秋天，红通通的柿子像小灯笼似的挂在树上，格外惹人喜爱。可过不了多久，柿子叶就掉了，落得满地都是，焦黄焦黄的一大片，地上显得凌乱不堪，寺里的和尚不得不每天清晨起来打扫柿叶。

这天，慈恩寺的门又早早地打开了，四个年轻的小和尚抬着筐、拿着扫帚走了出来，两个人一组打扫柿叶。

沙沙沙的声音使本来很安静的慈恩寺显得更为清幽了。

这时，从寺门的左边走来一位年轻人。年轻人身着长衫，头扎布

巾，一看便知道是个穷书生。

他叫郑虔，从小酷爱书法和绘画，但由于小时候家里穷，没有钱帮他达成心愿，于是他来到了长安，在官府的图书馆谋了一份打杂的差事，希望找个机会拜师学艺。这天早晨，他是从慈恩寺旁的农舍，也就是他租住的一间小屋出来去图书馆的。

他一边走，一边想着心事：来到长安近一年了，还是一事无成，现在连平时练书法的纸都买不起了，怎么办呢？

不知不觉间，他来到了慈恩寺门前，一抬头，看见四个小和尚正忙忙碌碌地将柿叶扫成一堆，装进筐运回寺里。

咦，寺里要这么多的柿叶干什么呢？他便问一个和尚。

小和尚头也不抬，忙着将柿叶装进筐，说道："冬天烧呗！"

郑虔望了望这满地的柿叶。柿叶宽宽的、大大的，就像一张张废纸……纸！柿叶可以当纸，有纸就可以练书法了。郑虔被自己的想法惊呆了。

他忙对那小和尚说："小师父，你能不能将这些柿叶给我呀？"

小和尚惊奇地抬起头问道："你要这柿叶干吗？"

"我没钱买纸，有了这些柿叶我就可

以写字、练书法了……”

小和尚更加惊奇了，其他三个小和尚也窃窃私语。

“这个事我可做不了主，我得禀告住持师父再说。”小和尚说完，便进寺里禀告去了。

过了一会儿，慈恩寺的住持出来了。郑虔上前又是鞠躬又是作揖，说明原因，并恳切地要求住持同意把柿叶给他。

住持被郑虔的精神感动了，不仅答应给他柿叶，而且还请郑虔进慈恩寺住下，帮助整理佛经。

郑虔更是喜出望外，对住持师父谢了又谢。

从此，郑虔便住进了慈恩寺。在整理佛经的闲暇时间里，他便装上满满的一筐柿叶来到山门外，端端正正地坐在石凳上，摆上字帖，拿出一片柿叶练起书法来。写上几个字，便换上另一片，没多久，一筐柿叶便写完了。

就这样，他终于练出了一手好字。

《新唐书·郑虔列传》

本篇成语解释：

1.【一事无成】形容什么事情都没有做成。

即使天才，在生下来的时候第一声啼哭，也和平常的儿童一样，决不会就是一首好诗。——鲁迅

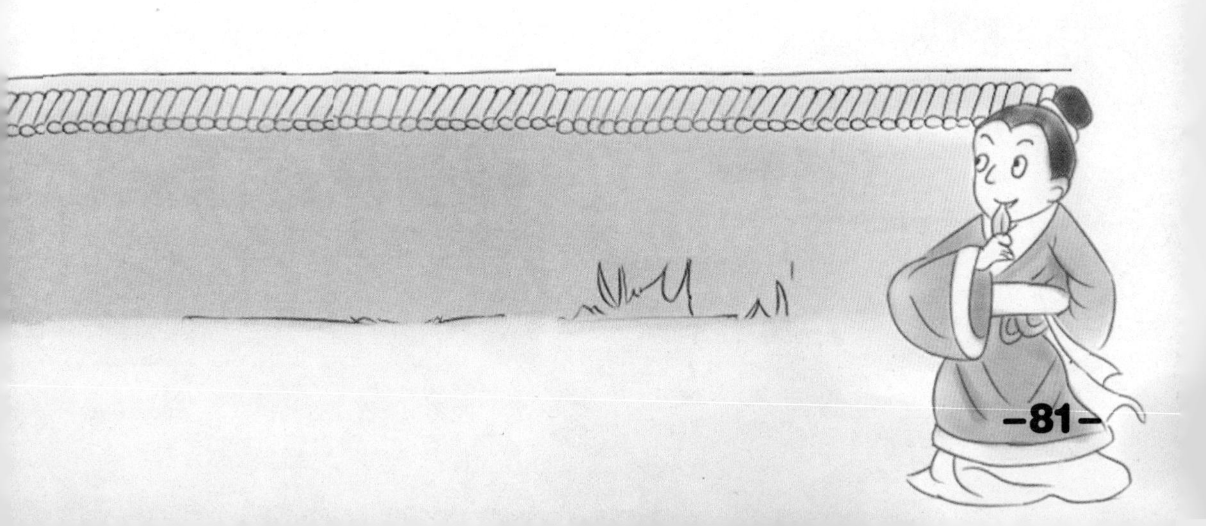

秃笔成山

怀素，唐朝书法家、僧人。字藏真，本姓钱。自幼酷爱书法。好饮酒，每兴致所至之时运笔如骤雨旋风，虽多变化，而法度具备。其狂草书法继承张旭，并有所发展，两人并称“颠张醉素”。

怀素从小就喜欢练字，长大以后，更是疯狂。天刚蒙蒙亮，他便起床拿起毛笔，对着字帖练字，到了晚上也不休息，依然练个不停。村里的人都说他是个疯子。

怀素可不管这么多，你说你的，我练我的，依然是一天到晚练个不停。

练书法是需要钱的：纸要钱，笔要钱，墨也要钱……可怀素穷啊。怀素虽然做了几年的小官，但并没多少积蓄。

怎么办呢？怀素心想：买笔的钱是不能省的，买墨的钱也是不能省的，那只有在纸的材料上做文章了。

有一天，怀素的纸又用完了，他翻遍了所有的口袋，发现这个月的俸禄也全用完了，一个子儿都不剩。

怀素坐在窗前发呆，忽然，他眼前一亮。他看见了窗前沙沙作响的芭蕉叶，这芭蕉叶又宽又大，不就是天然的纸吗？

怀素立刻跑到芭蕉树下摘了片叶子，一试，效果虽比不上宣纸，但总算可以用。

可不久后，窗前的芭蕉叶被怀素用光了，只剩下光秃秃的树干，怎么办呢？这可难不倒聪明的怀素，他又想出了一个办法。他找来一块大木板，擦得平平整整的，然后在木板上练习书法。

木板可耐用多了。怀素用毛笔蘸上墨汁，在木板上龙飞凤舞地练上几个字，然后用布擦掉，接着再练。

日复一日，年复一年，这块木板被怀素练得坑坑洼洼的了，他的字也越写越好。

怀素有一个习惯，他一拿起笔来，只要是可以写字的地方，就奋笔疾书。因此，在他住处的墙壁上、器具上、自己的衣服上，都写满了字。他也不知道用秃了多少笔。

毛笔都是用动物的毛做成的，最常用的是羊毛。羊毛这种很柔软的东西在硬物上写来写去，磨损得特别快。写不了几天，怀素用的毛笔就变秃了，光光的只剩下笔杆。怀素一见笔用坏了，便随手往后一扔，换一支新的接着再练。他那点少得可怜的俸禄全搭在毛笔上了。

怀素写坏一支，就扔一支。日子一天天的过去了，他后窗下的秃笔也越积越多。

见秃笔这么多，怀素心想挖个坑埋了吧。于是他在窗后挖了一个坑，将秃笔全部埋了进去。这样，他扔掉的秃笔就成

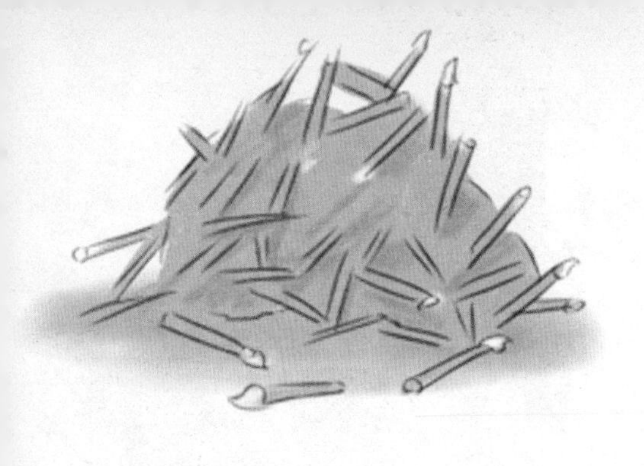

了一座小山包。

怀素就是凭着这股超乎常人的求学精神，勤奋苦练，结果他的草书达到了炉火纯青的地步，成为唐代的一名书法大师，被后人尊为“草圣”。

《新唐书·怀素传》

本篇成语解释：

1.【龙飞凤舞】原来形容气势奔放雄壮。后来也形容书法笔势活泼。

2.【炉火纯青】纯青：炉火的温度达到最高点，火焰从红色转成青色。本指道家练丹成功时的火候。后比喻技术或学问达到成熟、完美的境界。

怀素有着水滴石穿的精神，他就是凭着这股精神成为书法大师的。

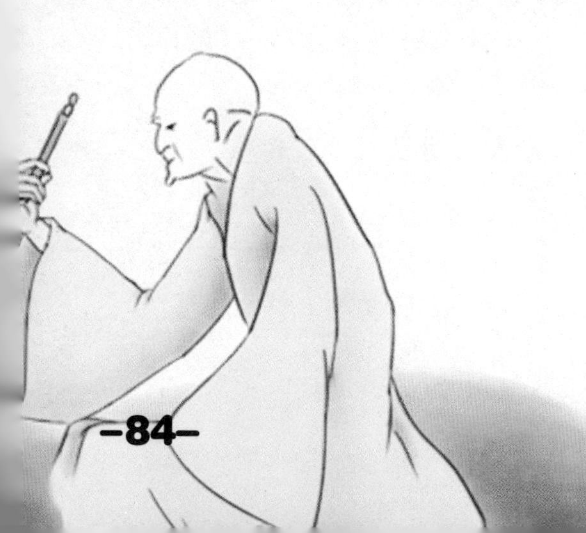

贾岛苦吟

贾岛，唐朝诗人，字阆仙，范阳(今河北涿州)人。家境贫寒，一度为僧，后还俗。屡考进士不中，后曾任主薄、参军等小官。擅长写五言律诗，有《长江集》传世。

在作文课上，老师教大家用字和用词时，经常强调要仔细推敲。其实，这“推敲”二字背后还藏着一个小故事呢。

唐朝是我国诗人最多的一个朝代，除了李白、杜甫、白居易等大家熟悉的诗人以外，还有一位诗人也挺有名气，他就是贾岛。

贾岛小时候家里很穷，家人没钱养活他，便送他去一家庙里当了和尚。在那里，贾岛受到了一个有知识的和尚的影响，喜欢起诗歌来，便一头扎进了诗歌的海洋里。

他作诗很有特点，很注重词句的锤炼和选择。

有一次，贾岛牵着毛驴到郊外寻师求教，但老师有事出去了，贾岛受到他家人的热情接待，很晚才离开。

在回家的路上，贾岛骑着毛驴慢悠悠地走着，嘴里嘟嘟囔囔地吟着诗句。

回到寺院时，寺门早已紧闭，月光洒在寺院的院墙上，寺院前方清亮的池塘在月光下泛着粼光。见此情景，贾岛

不禁诗兴大发，嘴里吟道：“鸟宿池边树，僧推月下门”。

他摇头晃脑地反复吟诵这两句，念着，念着，就觉得“推”字用得太直了，那将“推”字改成什么好呢？

他跳下驴背，一边往寺院的大门走去，一边做着“推”的动作，心里也在嘀咕：如果用“敲”换“推”呢，“鸟宿池边树，僧敲月下门”。

不好，不好，用“敲”显得沉闷无力。

那“推”和“敲”究竟哪个好呢？

贾岛在寺院门口，一会儿做推的动作，一会儿又做敲的动作，并在心中比较两个字的感觉。正在这时，一队人马浩浩荡荡地走了过来。前面的武士看到一个和尚在寺院门口做着一些莫名其妙的动作，觉得很可疑，便将贾岛带去见轿子里的官员。这位官员就是唐朝大名鼎鼎的韩愈。

韩愈问他：“你在寺院门口干什么？”

贾岛因为思路被打断而不满，气冲冲地说：“我在作诗，不关你们的事！”

“作诗？那你念给我听听。”一说到诗，韩愈有了兴趣。

“你是谁？”贾岛怒气依然未消。

“我是韩愈。”

“韩愈？”

贾岛听到面前这位就是自己仰慕已久的韩愈，顿时肃然起敬，便将刚才那两句诗念给他听，并向他请教。

韩愈沉吟了一会儿，便对贾岛说：“我认为还是用‘敲’字比较好。在寂静的夜里，敲门的声音显得颇有动感，这才能以动衬静，如用‘推’字，便没有了这种效果。”

才华是刀刃，辛苦是磨刀石，再锋利的刀刃，若日久不磨，也会生锈。——老舍

贾岛一听，顿觉豁然开朗，和韩愈越聊越投机，成了莫逆之交。

后来贾岛在韩愈的劝说下不当和尚了，但他作诗爱推敲的习惯始终未改，并写下了许多脍炙人口的诗句，成为唐朝一位很有特点的诗人。

“推敲”的故事便是由此而来的。

《新唐书·贾岛传》《唐才子传》

本篇成语解释：

1.【大名鼎鼎】鼎鼎：盛大，显赫。形容名声很大。

2.【肃然起敬】肃然：恭敬的样子；起敬：产生敬佩的心情。形容十分恭敬和钦佩的样子。

3.【豁然开朗】豁然：开阔敞亮的样子。由狭窄昏暗变为开阔敞亮。比喻某一问题长期思索不解而后突然明白。

4.【莫逆之交】彼此心意相通，无所违逆。后来指情投意合、至好无嫌的朋友。

做学问就应该有“推敲”精神，选用最合适的才是对的。

韩建认字

春天不播种，夏天就不会生长，秋天就不能收割，冬天就不能品尝。——海德

韩建，字佐时，唐末将领，许州长社(今河南许昌)人，官至节度使(唐朝时一地最高军政长官)。

唐朝末年，兵荒马乱，战争无休无止。就在这乱世之中，出现了一位有名的将领，名叫韩建。由于身体健壮，作战勇猛，他很快就被提升为刺史(地方的军政长官)。可是韩建总是觉得缺了点儿什么，那就是知识。

他想："活到老学到老"，虽然现在自己年纪不小了，但认一些字，读一些书还来得及！于是，他下决心从头学起。

韩建是穷苦出身，小时候过着吃不饱、穿不暖的生活，哪有钱去读书学习啊！现在当上了大官，有了钱却没有时间，白天得忙着处理政务，抽不出时间来学习。怎么办呢？韩建感到很头疼。

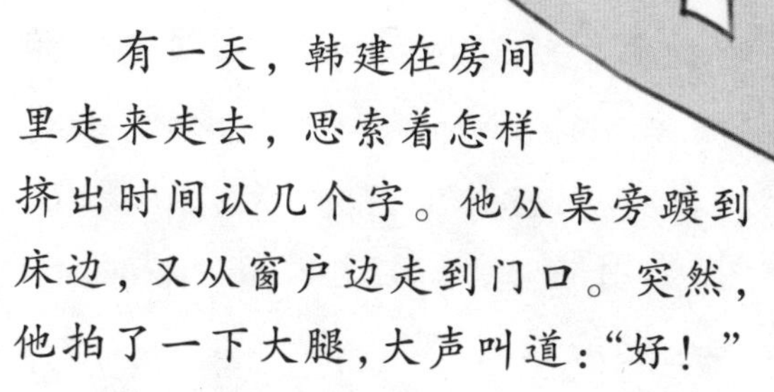

有一天，韩建在房间里走来走去，思索着怎样挤出时间认几个字。他从桌旁踱到床边，又从窗户边走到门口。突然，他拍了一下大腿，大声叫道：“好！”

他叫来仆人，吩咐道：“你把房间里所有的家具、器具都给我贴上纸条。”

仆人不理解其中的含义，睁大了眼睛问：“将军，写纸条干什么？”

“哦！我是要你在纸条上写上家具、器具的名字，我要认字！”

仆人这才领悟过来：敢情我们将军大人要认字。他赶忙跑到账房先生那里如此这般吩咐一番，不一会儿，事情就办妥了。

韩建走进房间，只见桌子上贴了个“桌”字，盆子上贴上了“盆”字，床上贴上了“床”字，灯上贴上了“灯”字，屏风上也贴上了“屏”字，连碗上也贴了个“碗”字……房间里的东西都贴上了标签。

韩建看到这焕然一新的房间，心里美滋滋的。

就这样，韩建把字和物体相对照，认识了许多字。比如吃饭时，看到筷子就认识“筷”字，捧起碗就知道了“碗”字，睡觉时就认识了“床”、“被”等字。

一两年过去了，韩建已经能看懂粗浅的书籍了。

后来，韩建又得到了一部叫《玉篇》的书。这本书可有用处了，相当于我们现在的《新华字典》。韩建向别人请教，知道了查字典的方法。他把这本工具书当作宝贝，白天放在案头，晚上放在床头，一有空闲，就拿出来查阅。在这本书的帮助下，韩建又认识了许多字，知识也大有长进。

就这样，韩建凭着一股刻苦的精神努力学习，获得了大量的历史知识和军事知识，成为了当时有名的文武全才的将军。

《五代史 · 韩建传》

本篇成语解释：

1.【兵荒马乱】形容战时动荡不安的景象。

学习要落实到行动中去，这样才能最快地学到知识。

江郎才尽

方仲永，北宋时江西金溪人，传说小时有诗才，但终未成大器。

北宋时期，江西有个金溪县，县里有一个偏僻的小村，名叫方家村。这个村里的人都姓方，祖祖辈辈都以种田为生，没出过什么名人。

这天，村里的人不知怎么了，都一窝蜂地跑到方伯家里去了，一会儿工夫，方伯的屋里就挤满了人，水泄不通。人们唧唧喳喳地带着羡慕的表情传看着一首诗，还一个劲儿地跑到方伯面前说道："方伯呀，您可真有福气呀，仲永可真是给您争气呀！"

"这小孩五岁就能写诗，长大以后一定会是一个了不起的大人物呀！"

"方伯，您是怎么教育小孩的呀，方伯，您说说……"

方伯很是得意，掩饰不住内心的骄傲，拉着自己的儿子方仲永像接受记者采访似的，滔滔不绝地说起他早上起来去找仲永，而仲永趴在桌子上写着什么，后来一看是一首诗，于是他便请了本村最有学问的老秀才来看，老秀才又如何评价、如何赞扬……

一切都靠一张嘴来做而丝毫不实干的人，是虚伪和假仁假义的。——德谟克利特

方仲永个子不高，很瘦，但圆溜溜的眼睛显露出他的聪明劲儿。他只是跟在父亲身后，听着父亲、大伯、大娘、大婶们谈论着关于他作诗的事情。看到大家羡慕的眼神和父亲得意的表情，他知道自己干了一件一般小朋友干不了的事。

常言道：人怕出名猪怕壮。方家村本来从没有什么值得骄傲的事，现在方仲永五岁能作诗，可真让方家村露脸了。三天两头的，不是这家请，就是那家约。方伯便带着仲永去作客，到了那里，少不了请客吃饭，出题做诗，大家热闹一番。方仲永呢，倒也能很快写出来。

这样一来，方仲永的事儿就越传越远，越传越神。后来连县里的人都知道了，大家都说乡下出了一个了不起的神童。

一些有钱人干脆明码标价，出钱叫方仲永作诗。

方伯见方仲永小小年纪就能给家里挣钱，更是高兴，便把方仲永当成摇钱树，经常带他外出拜见名人，应酬作诗，而根本不考虑让他继续念书学习。

方仲永呢，因为好话听多了，也渐渐地觉得自己是个神童，便没心思继续看书了。

一年又一年，日子就这么过去了。方仲永年龄逐渐增大，可脑子里的知识却没有长进，到了十二三岁，所作的诗已不是那回事了；到了十八九岁，学识水平便和一般人没什么两样。人们也慢慢地将他淡忘了。

北宋时期著名的政治家、文学家王安石也听说过方仲永的事，还见过他。

后来，方仲永一事无成的事传到王安石的耳朵里，为此，王安石特

意写了一篇《伤仲永》，以鉴后人。他很感慨地说："仲永的聪敏是天生的，但后来却变成一个很平庸的人，原因在于他没有继续学习。像仲永这样天赋好的人，后天教育没有跟上，尚且会成为一个庸人，那么那些天赋并不怎么样，后天又不抓紧时间学习的人，其后果便可想而知了。"此事警示人们，不要只重视天赋的高低，更主要的是要在后天加强学习，只有这样才会有出息。

《伤仲永》

本篇成语解释：

1.【江郎才尽】江郎：指南朝文学家江淹，少有文名，晚年文思渐衰。后多以"江郎才尽"比喻才思减退。

2.【滔滔不绝】滔滔：连续不断的样子。形容话多，连续不断。

七录书斋

张溥，字乾度、天如，号西铭，江苏太仓人。明朝学者、诗人。

明朝末年有一位大学者，名叫张溥，他有一个名满天下的书斋——七录书斋。为什么叫七录书斋呢？原来，这里还有个故事呢！

张溥从小就酷爱读书，可以说是读书成癖，但他并不是很聪明，记忆力也不太好，书读了很多遍仍然背诵不出。他常常捶打自己的脑袋，恨自己生得太笨。

他思前想后，都想不出一个学习的好办法来。

他父亲见他读书无方，也很着急。一天，他拉着张溥的手，语重心长地说："学习呀，什么捷径也没有，笨一点儿不要紧，勤能补拙，笨鸟先飞嘛！"

对！笨鸟先飞！为了加强记忆力，张溥采取了一个笨方法，就是"录"，用现在的话来讲就是抄。

每读一篇文章，张溥都用笔工工整整地抄录

一遍，边抄边背诵，抄完后再朗读，然后便投入脚旁的火盆，将它烧掉。接着再重抄一遍，默诵、朗读如旧，依然投入火炉。如此抄、读、烧、抄、读、烧……反反复复六七次，每篇文章读上许多遍，自然便记住了。

这个办法很见效！张溥觉得自己找到了适合自己的学习方法，便将它坚持了下去。

他每天抄录书籍，不管是白天还是黑夜，不管是天寒地冻的冬天，还是汗流浃背的夏天，他从来没有叫过苦，喊过累。

他长年累月地抄书，右手手指上捏笔管的地方都长出了老茧。在寒冬腊月里抄书，手都冻伤出血了，疼痛难忍，他不得不每天在热水里泡洗几次，这样手才会好一些，可是，过不了多久，他又拿起毛笔，抄书不止。

张溥抄录的书越来越多，学到的知识也越来越广泛，后来他便将自己的书房取名为“七录书斋”。

皇天不负有心人，长大以后的张溥文思敏捷、文笔流畅，写作从来不打草稿，当着来客的面，拿起笔就写，一会儿就完成了。所以张溥的名声传得很远，关于“七录书斋”的故事也人人皆知。

后来，他组织了一个名叫“复社”的文学组织，广交天下爱写诗歌文章的朋友。四方求学的人都仰慕他的名声，争相上门求教。张溥名满天下，朝廷上下都有他的学生。

《明史 · 张溥传》

本篇成语解释：

1.【笨鸟先飞】比喻能力差的人做事时，恐怕落后，比别人先行动（多用作谦辞）。

2.【名满天下】声名遍传天下。形容声名极大。

就算记性再差，反复地读、抄、诵，总会让你有所起色。

应星买书

宋应星，明朝科学家。字长庚，江西奉新人。万历举人，官至安徽亳州知州(亳州府的行政长官)。

宋应星是谁呀？他可是明朝很有名的科学家，他写的《天工开物》被后人称为中国古代科技史的里程碑，曾被译为多种外国文字，受到许多国家的重视。

宋应星的先辈曾是明朝工部(工部就是掌管各项工程、工匠、屯田、水利、交通的部门)的官员，所以宋应星从小就受到影响，对关于科学技术的书特别感兴趣。这类书只要被他知道，他一定千方百计地找来读一读。

谈起宋应星读书，还有个挺有趣也挺感人的故事。

宋应星十五岁的时候，听人说宋朝沈括写的《梦溪笔谈》是本很有价值的书，于是便决定找来读读。

有一天，他的一个好朋友气喘吁吁地跑过来对他说，街上“文宝斋”书铺出售的新书中就有《梦溪笔谈》。宋应星一听，便兴冲冲地赶了过去。

可到了书铺，老板却告诉他《梦溪笔谈》已经卖完了。宋应星可失望了，他低着头，没精打采地往回走。

啪地一下，宋应星只觉得撞在什么东西上了。原来他走路时没看前方，和一位挑柴的大叔撞了个满怀。

宋应星忙赔礼道歉，连声说：“对不起，大叔。”并弯下腰去帮大叔捡被撞掉的米粑。可就在这一瞬间，宋应星眼前一亮：原来包米粑的纸上有一行字：《梦溪笔谈》。

宋应星可高兴了，一边赔钱给大叔，一边急忙向大叔打听这米粑是在哪里买的。

大叔见他特别着急，便告诉他是在街拐角处的一位老大爷那儿买的。

宋应星没等他把话说完，便拔腿向街的拐角处跑去。到了拐角处，却不见老大爷，于是他又向周围的人打听。最后他赶了四五里路，才在去邻村的大道上追上了那位卖完米粑回家的老大爷。

“老大爷，等一等！”宋应星喊着、追着。

老大爷终于停下了，不解地看着这个跑得满头大汗的少年：“小兄弟，我今天的米粑卖完了，如果想要的话，明天再来买吧。”

宋应星连忙摆摆手，指着他筐里的那本《梦溪笔谈》说：“大爷，我不要米粑，我是来买这本书的。”

老大爷见宋应星从那么远的地方跑来，就为了这包米粑的纸，便把书送给了他。宋应星把“宝贝”翻了一翻，却发现只有半部，便连忙问老大爷：“这本书您是从哪里买的？”

“这本书是早上路过南村纸浆店时，张老板送的。”

宋应星又急忙赶到南村纸浆店，可是那本书的另一半已

连地球都可以在茫无边际的天空里发现自己的轨道，何况我们？——比昂松

泡在水池里了。

这下可把宋应星急坏了，他又是打拱，又是作揖，指着池中的半本书，求张老板说："老板，能不能帮我把那本书取出来？您要多少钱我都给。"说着，将口袋里所有的钱都拿了出来，递给老板。

老板问明缘由后，为他的行为所感动，就叫工匠把池中的那半本书打捞起来送给了他。宋应星像得了宝贝似的赶回家，将书晾干，和另外一半合装在一起。他终于拥有了一本完整的《梦溪笔谈》。

《明史·宋应星传》

本篇成语解释：

1.【千方百计】方：方法。想尽一切办法。

2.【没精打采】采：精神，神色。形容精神萎靡不振。

千里释疑

李渔，清代戏曲理论家、戏剧作家。字谪凡，号笠翁，祖籍浙江兰溪，生于江苏如皋。少时游历各省，曾亲自组织艺人在各地演出。《闲情偶寄》是其代表作。

江苏如皋有一个小村庄，那里风景优美，环境宜人，村头时常传来琅琅书声。原来这里有一所学堂，村里的小孩都在这里上学。

这一天，老师拿着课本，正摇头晃脑地讲解《孟子》中的一句话："'虽褐宽博'这句话是什么意思呢？宋朝的朱熹老先生是这样解释的：褐，就是贫贱的老百姓穿的衣服；宽博，就是肥大的意思。整句话的意思就是说，老百姓穿着宽大的褐色衣服。好了，请大家跟我一起念。"

别的小孩都咿咿呀呀地跟着念了起来，只有一个瘦瘦的学生却皱着眉头，沉吟不语。他总觉得朱老先生说得好像不对，因为老百姓穷呀，应该穿紧身短小的衣服，这样才能节省布料，怎么可能浪费那么多布料做肥大的衣服呢？

这个小孩就是少年李渔。

长大以后，“虽褐宽博”的问题依然萦绕在李渔的脑海里。

一天，他在街上偶然碰到一个穿着又肥又大的褐色衣服的陌生人，便向他打听。那个陌生人说，他们北方山区都有穿宽大的褐色衣服的习惯，至于为什么，他也弄不清楚。

李渔决定去北方山区走一趟，一定要把这个问题搞清楚。于是，他准备了简单的行李，从江苏的鱼米之乡出发，经过长途跋涉，来到了贫穷闭塞的北方山区。他一连走访了十几个村庄，发现这里的居民果然都穿着又肥又大的褐色衣服。

可当他向当地人打听这事的时候，人们都用一种奇怪的眼神看着他，并不回答。李渔一点儿都不气馁，他在一个小村庄住了下来。

房东是位老大爷，热情好客，把好房间让给了李渔，自己则睡在外边。

一早起来，李渔挺感动的，便向老大爷致谢，并问道：“老大爷，为什么这里的老百姓都穿这么肥大的衣服啊？这不是挺费钱吗？”

老大爷知道李渔是个读书人，也就跟他说了心里话：“年轻人呐，你是不懂我们乡下人过的是什么日子呀！我们住在深山里，生活很苦，每个人就只有这么一件衣服，白天穿在身上，晚上当被子，如果不肥大些，怎么盖住全身呢？”

要是游戏人生，他就一事无成；谁不能主宰自己，永远是一个奴隶。——歌德

“那为什么要选褐色的布做衣服呢？”李渔紧接着又问。

“这也是因为我们穷呀！褐色的衣服不显脏，用不着经常洗……”

“原来是这样！”

困扰李渔十几年的疑团，终于解开了。李渔望着老大爷慈祥的面容和那件打满补丁的肥大衣服，觉得各种滋味压在心头，沉甸甸的。

《清史稿·李渔列传》

本篇成语解释：

1.【沉吟不语】沉思迟疑，一言不发。

2.【鱼米之乡】盛产鱼和米的乡村。泛指土地肥沃、物产丰盛的富庶之地。

3.【长途跋涉】指路途遥远、翻山涉水。形容长途的艰辛。

戴震问师

戴震，清朝思想家、考据学家。字慎修，号杲溪，安徽休宁人，商贩家庭出身。曾任翰林院庶吉士（国家编修国史机关的办事员），参与纂修《四库全书》。少时勤学好问，成年后，对经学、天文、历算、地理、音韵、训诂等均有深入研究，是乾嘉时期考据大师，著述颇丰。

休宁是安徽一个不大不小的集镇，镇上有很多私人办的学堂，在学堂里学习的小孩特别多。

这一天，在镇子东南的一家学堂里，传来了孩子们咿咿呀呀的读书声。

一会儿后，读书声停了，老师开始讲课了："今天来讲讲《大学》这本书。《大学》是记载孔圣人言论的一本书，是由孔子的学生曾子讲授给他的学生听，又由曾子的学生记录成书的。"

许多小孩听得一头雾水，不知道《大学》这本书是由孔子写的，还是由曾子的学生写的。这时，一个脑后拖着一根长辫子的孩子站了起来，恭恭敬敬地对老师说：“先生，我有个问题搞不清楚。你怎么知道这是孔子的言论，由曾子讲给他的学生听，又由曾子的学生记下来的呢？”

“这是朱夫子讲的呀。”老师回答道。朱夫子，就是北宋著名的学者朱熹。

“朱夫子是什么时候的人呀？”小孩似乎要打破砂锅问到底。

“这个问题，我好像教过你们的呀？”老师似乎也要考考学生。

“我记得是北宋时期。那么孔子、曾子是什么时候的人呢？”

“春秋时期人。”老师好像明白这个小孩要提出的问题，也有了些兴趣。

“宋朝和春秋时期距离多少年呢？”小孩说得更有劲了。

“大约两千多年吧。”老师笑着说。

“宋朝和春秋时期相距这么久，朱夫子怎么会知道两千多年前发生的事情呢？”

“这……”老师被问得张口结舌，回答不上来了。

经常用的钥匙总是亮闪闪的。——富兰克林

懒惰，像生锈一样，比操劳更能消耗身体；

课后，他对这个小孩说："不错呀！把先生都问倒了，继续努力，你会有出息的。"这个小孩就是戴震。

戴震十岁才入学堂，但他聪明过人，好学多问，读书时要把每个字的含义都弄懂才罢休。

但老师也有被问住的时候，于是在他十多岁的时候，老师便介绍他读一些古代的字典、词典，如《说文解字》、《尔雅》等。戴震如获至宝，整天抱着字典和词典读个不停。

就这样，戴震凭着一股钻研劲儿，看了很多书，对许多问题提出了自己的看法。他的著作包括哲学、数学、天文、地理、音韵、训诂等许多方面，为后代留下了一笔极其珍贵的精神财富。

《清史稿·戴震列传》

本篇成语解释：

1.【打破砂锅问到底】比喻对事物寻根究底。

2.【张口结舌】结舌：舌头不能活动。形容因理屈或紧张、害怕，说不出话来。

不一味追随大流，而要有自己的想法与钻研精神，这正是我们需要的。

读万卷书，行万里路

顾炎武，著名思想家、史学家、语言学家，与黄宗羲、王夫之并称为“明末清初三大儒”。本名继坤，改名绛，字忠清；南都败后，改炎武，字宁人，号亭林，自署蒋山佣，汉族，南直隶苏州府昆山（今属江苏）人。学问渊博，与国家典制、郡邑掌故、天文仪象、河漕、兵农及经史百家、音韵训诂之学，都有研究。晚年治经重考证，开清代朴学风气。其学以博学于文，行己有耻为主，合学与行、治学与经世为一。诗多伤时感事之作。

古人常说：要想有学问，就得读万卷书，行万里路。这是说，求学的人，不但要多读书，吸收书本上的知识，还要多出门旅行，接触社会见闻。明末清初的著名学者顾炎武，就是这样做的。

有人估算过，顾炎武一生读过的书，绝对不止一万多卷。而且他还到过很多地方，足迹踏遍古都、名山大川。

顾炎武的朋友和家人都知道，他每次出门，都穿着简朴的衣服，虽然没有多少行装，却带着两头马和两头骡子。自己骑在一匹马上，另一匹马和两头骡子驮着沉重的大筐，筐里满满的都是书。

顾炎武的旅行是很特别的，他总是不急于赶路，让马儿在大路上不紧不慢地走着，自己在马上半闭着眼睛背书。背着背着，如果有一处卡了壳，背不出来，他便会猛然地勒住缰绳，翻身下马，就近找个地方寻出书本来，把背不出的内容反复温习几遍，熟记后继续上马赶路。

要是途中碰上书店有好书卖，他总要买下来。遇了藏书人家，听说有珍藏的孤本、古本，便上门求借求阅，或者借来读完了再走，或者全文抄下来。

顾炎武骑着马，携着书，游学四面八方，一出门就是好长一段时间。他每到一个地方，总是去当地的名胜古迹，记下所见所闻，并与前人的著作中所叙述的见闻和描述的景物相对应，写下自己的感受和心得。

由于顾炎武常常带着书籍到各地旅行，他的书本知识和社会见识都相当丰富，对天文、地理、历法、数学等都有深入的研究，成为我国历史上杰出的思想家和学问家。

《清史稿·顾炎武传》

本篇成语解释：

1.【读万卷书】是指要努力读书，让自已的才识过人。

2.【行万里路】是指让自已的所学，能在生活中体现，同时增长见识，也就是理论结合实际，学以致用。

正所谓"读万卷书，行万里路"，有了丰富的阅历才能有丰富的见识。所以我们首先要多读书，其次要尽可能地接触社会，游历不同的地域也会丰富人生的阅历和知识。

化名拜师

叶天士，名桂，号香岩，别号南阳先生，晚年又号上律老人，江苏吴县（今苏州市）人。清代名医，四大温病学家之一，与薛雪等齐名。

叶天士自幼天资聪慧，深得父亲喜爱。他白天随师攻读经书，晚上又跟父亲钻研医学。十四岁时父亲去世，叶天士行医并继续学习。十八岁时成为江南名医。他切脉、望色如见五脏，治疗各科疾病，能用古代的医疗方法，处方精简，用药配方有独到的见解。

古代医学史上，有不少人都是在少年时代立志学医，后来成为名医的。可是，清朝的叶天士在十四岁时就开始挂牌行医了。由于他聪颖好学，医术愈来愈高明，请他治病的人一天比一天多，他很快成为闻名遐尔的医学家。

有一天，一位在苏州做生意的江西商人，路过家门口时，他听见了商人的咳嗽声，连忙请商人到诊室里来。叶天士看了看商人，搭了脉，问了一些病症，十分惋惜地说："你的肺病已经很严重，恐怕无药可救了，你不能久留在外，快点回去

吧，回去得快或许可以到家，回去得慢，怕就见不到家人了。”

商人一听，连忙向叶天士恳求说：“听说先生在前几年这一带发生的大瘟疫中，曾治好了许多人，连昏死过去的也被救活了，断病如神，你就开个药方让我试试，死马当活马医吧！”叶天士一口回绝说：“我已说过，你这病已无法医治了，吃药也是白费。你要是不信，谁要是把你的病治好了，你就来砸我门上的牌子。”话已说绝了，江西客商不再说什么，拖着无力的身体回到商行。

商人回去后，便吩咐伙计们尽快把剩下的商品拍卖掉，收拾行装，乘船回家。沿途每到一个码头，商人都上岸游玩，反正自己活不了多久，不如散心。

船到镇江，商人同样上岸游玩。一天，商人游览金山寺时，金山寺的老和尚看到商人面黄肌瘦，还有几声咳嗽的样子，便把他叫住询问病情：“这位游客，老纳看了你的神色，怕有病在身吧？”商人回答说：“老和尚，算给你说对了，我是患了肺病。”

“那你怎么不早点请医生诊治？”

“请了许多医生看过，但都没有什么效果，连有名的‘天医星’叶天士也替我诊断过，我的病已经到了无法治疗的地步了，因此，这次打算回江西老家等死。”

“话不要说得这等悲观，让我再仔细给你搭搭脉。”老和尚说完，便在商人的右手搭起脉。叶天士不愧是一位名医，你得的是不治绝症，但是，还是可以挽救的。”

商人听后，不由一喜，连忙扑通一声跪下，央求老和尚给他开方治疗。老和尚连忙把商人扶起来，告诉他治疗方法：如今正是八九月，生梨已上市，你去买它两篓，随身带着，口干了就吃，肚子饿了也吃，两篓生梨吃到江西也就差不多了，然后再服药调治。”说完了，便把方子交给商人，叫他回家后到药店配着服用。

商人按照老和尚交待的办法一一照做了。生梨润肺生津、消痰止咳，到家又服药调治，果然把肺病治好了。

第二年，叶天士诊室门口来了一群外地人，吵嚷着要砸诊室的招牌。叶天士出门请来人细说砸牌的因由。来人拨开人群，走到叶天士面前，操着一口外乡口音说道：“老兄，时过刚一年，你就不认识我了？我就是去年给你诊断患了绝症、判了‘死刑’的江西商人。你说过，谁把我的病治好，就来砸你的招牌。你想想，有这话没有？”经他这么一说，叶天士才猛然想起，只见那商人满脸气色红润，浑身精力充沛，不由大吃一惊，便说：“招牌你尽管砸，请你告诉我，你的病是哪位高明的医生给治好的，好让我前去请教请教。”

商人告诉叶天士后，叶天士深感“天外有天，山外有山”，自己的医术未精，便叫人把诊所关起来，告别母亲，乔装改姓，背起药箱上镇江金山寺求见老和尚，请求收他为徒。老和尚见他诚心学医，便应允下来，带他一同行医治病。

三年过去，叶天士高明的医术逐步显露出来，引起了老和尚的怀疑。经过一再询问，叶天士再也无法隐瞒了，便一面向老和尚告罪，一边将化名拜师、求医深造的用意说了一遍。老和尚对这位大名鼎鼎的苏州名医拜在自己门下，深感不安，表示日后不能再师徒相称。叶天士执意不从，仍然称他为老师。老和尚很受感动，便把一生行医的经验和搜集的秘方毫无保留地全部传授给了叶天士。

叶天士拜别了老和尚，仍回到苏州行医，医术又进了一大

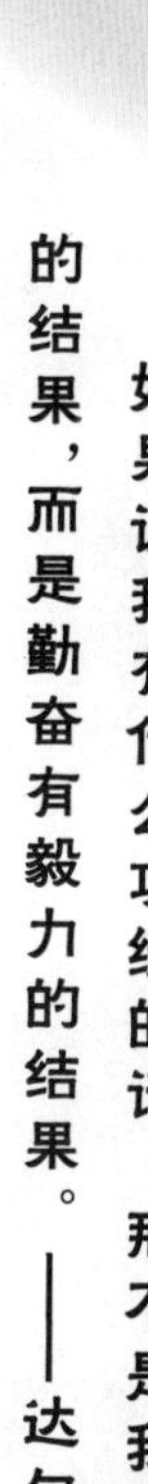

步。从此，叶天士只要听说哪位医生能治疗某种顽疾，总是千方百计地去拜那位医生为师，博采众长，熔集一家。据说，他正式拜过的老师就有十七位之多。所以在苏州流传着这样一句俗语："叶天士也要背三年药箱。"就是教育人有了本事还要虚心学习、精益求精。

《叶天士传》

本篇成语解释：

1.【博采众长】博采：广泛搜集采纳。从多方面吸取各家的长处。
2.【精益求精】事物已经非常出色了，却还要追求更加完美。

"天外有天，人外有人"，学习是没有止境的，只有在不断地学习中充实自己，才能够取得更大的成就。

我的留学梦

丁卉

我人生的前十五年，现在想起来，就像是肥皂泡般的一场梦境：很平凡的家庭，很平凡的父母，很平凡的学校，很平凡的生活。每天两点一线，早出晚归，吃一样的热干面，喝一样的豆腐脑，对着大同小异的卷子或欣喜若狂或满腹惆怅。听身边的人抱怨课程多，抱怨考试难，也抱怨青春易逝韶华不再，然后自己就凑热闹一般的添油加醋几句。像肥皂泡的表面，太阳一照就五彩斑斓。平凡，但美好而温暖。

考上莱佛士的时候，我犹豫了很久。我认真地问自己：丁卉，这辈子你到底想要什么？是荣耀功绩还是温暖幸福？你到底想做一个不惜一切代价改变世界的人，还是你只在乎那些深爱你陪伴你的存在？我知道我不是在逃避，不是在为自己的怯懦找理由，我只是想知道，我到底想要什么？我只是不想，在多年以后，觉得这一切的牺牲都不值得。

于是那晚我告诉父母：我不想去。

第二天，父亲没有去上班。在饭桌上，他给我讲了一个我从小就熟知的故事——花木兰从军。

南北朝时期，天下大乱，战争连年不断，人民生活很不安定，常常隔不了多久就得搬一次家。花木兰巾帼不让须眉，虽为女儿身却有男儿志。她离家万里，代父从军立下赫赫战功……

不知为何，在父亲和缓的声音中，再听这个听了千百次的故事，我的眼泪无法抑制地掉下来，打湿了身前的《小窗幽记》。

末了，父亲说：我们都容易被眼前的景象所蒙蔽，因为我们都害怕失去，都害怕回来的时候物是人非，所以都不敢跨越不敢尝试，都喜欢作茧自缚。但是你看，花木兰不怕。她离开家的时候，大概与你同龄。她跨关山越黄河，她也许犹豫过，但从来没有放弃。那是她骨子里的一种气节。爸爸知道你是和她一样刚烈，一样有抱负的女子。你觉得你认识的自己其实并不是真正的你。爸爸知道你不会甘于平庸，你也不应该在琐碎与麻木中虚度年华。爸爸不想你长大以后憎恶这样的自己，后悔曾经的决定。你的骄傲不会允许，你的自尊也不会妥协。孩子，我们每个人都只有一个人生，所以我们都应该在有限的生命中拥抱无限的宇宙。这样，我们才能算真正的不枉此生。

我认真地看着父亲的眼睛，看着这双充满了怜爱与理解、信任和支持的眼睛，看着这双经历人生四十余年的眼睛，心忽然变得很柔软，也很坚定。

爸爸，我知道了。我会去的。我说。

就这样，父亲戏剧性地用花木兰的故事改变了我的人生。

其实说起来，我与国学一直有不解之缘。四岁的时候就基本背完了唐诗三百首（当然是被逼的），上幼儿园就知道很多《春秋》、《战国》、《唐传奇》的著名故事，要么被感动得一塌糊涂，要么惊愕得不知所措。小学二年级的时候第一次读完《红楼梦》，对妙玉爱得深切，扬言要把红楼诗词全数背下。三年级的时候和同班的女生在班上组了一个诗社，旨在传播文化，实为娱乐自我，最后以成员不足而告终。四年级读白话《史记》，为李广拍案叫绝；五年级读《资治通鉴》；六年级毕业的那个暑假在看完金庸和梁羽生的武侠小说后，读完了《中华上下五千年》。

说起来，我的小学生涯其实就是把中国历史走了一遭。那个时候思想很单纯，总是想：我要是生活在古代就好了，有漂亮衣服穿，每天也不用上学。再被红楼水浒一浸濡，我就想：要是我是林黛玉，就投奔宋江去，省得在大观园受那些气！

上初中后，我脱去了单纯幼稚，开始观察和思考。很长一段时间，我最喜欢的诗人是王维。喜欢"竹喧归浣女，莲动下渔舟"的安然；喜欢"即此羡闲逸，怅然吟式微"的出尘。王维是一个哲学家，一个住在月亮上的人，抽起笔落之间，都不沾染俗世一抹尘埃。王维很接近一种安宁的常态，寂寞而完美。我总是一个人想：要是这辈子和王维在一起多好，过一种如水般安静的生活。

于是初二那一年，我写了一部短篇小说《两两相忘》，故事以王维的诗词与生活态度为第二线索。女主角对自由的渴望，也就是我（在考试压迫下）对自由的向往为主线。相比王维，陶渊明的自由就显得直白多了，因为直白所以激烈，也因为激烈，反而少了王维形而上的美。不过这些感悟，都是后话了。

初三的时候，我疯狂地爱上了苏轼。也不知道为什么，从前对苏轼的印象就停留在一个壮汉屹立赤壁悲吟大浪淘沙之上。我不知道他的朝云，他的放逐，他的灵性，他的诗心。我是读了余秋雨，读了周国平，读了梁实秋以后才开始慢慢懂得，懂得他的倔强，懂得他的无奈，懂得他的柔肠百转，懂得朝云那一句："先生满肚子的不合时宜"的真正含义。懂得以后我就为苏东坡流泪了。

来到新加坡，我经历了"cultural shock"（文化地震）。其实时至今日，我还是觉得这里很多太过后现代的东西，让我无法接受。比如这里总是有很多人"want things fast and good"（追求又快又好）。但是他们不知道，有很多情绪是要慢慢酝酿的，很多经验也要慢慢积累，不能急于求成，不能贪图捷径。

我找我最喜欢的生物老师聊天，他很释然地笑着对我说："你知道，同中国相比，新加坡是一个没有历史的国家。没有历史，有文化也显得焦躁，显得苍白，显得小家子气。"

我忽然意识到很长时间以来让我感到不舒服的东西，其实是源自于这个国度一种沉淀，一种归宿，一段历史的缺失。从小到大，我在国学的浸濡下成长，习惯用很大气磅礴、纵横捭阖的眼光来看世界、看人生。我喜欢静静地思考，慢慢地感悟，像朱熹或者王国维那样，隐逸出尘也好积极入世也罢，我喜欢一种有张力的思考方式，喜欢思想源源不断地涌入脑海的感觉。我承认一直以来我都活在理想的世界里，骄傲得不需要物质的承诺、成功的保障，我是一个思想者般的存在。而在中国的历史里，有那么多人与我相同。他们或以悲壮、或以淡然的英雄方式出现，以至于我把这种生活理想当成了一种常态、一种必然，而丝毫没有意识到这其实是一种奢侈，一种只属于我们这一代中国人的奢侈。

我想很多为文言文焦头烂额的人都不会懂得，有国学是我们的荣耀，是我们的骄傲，是我们血脉里根深蒂固的一部分，它定义了我们每一个中国人。

不得不承认，现在接触中国历史和古典文学的机会少了许多。但是也因着这出国的特殊经历，因着情感的暂时封存，让我看到国学里更加精髓的部分。不再是凄凄惨惨戚戚的离情别恨，而是中国的哲学。

说到哲学，就不得不提《道德经》。老子在一种神奇的模棱两可中表达了他对宇宙的理解。一位经常来新加坡传教的著名牧师唐崇荣曾经说过，老子比孔子强。孔子说："朝闻道，夕死则已。"可见孔子不知"道"。老子说："道可道，非常道。"可见老子明白道是不可闻，不可道的，从而更接近道的本真。

在新加坡的这四年里，我发现很多中西哲学有趣的对比点。

比如孔子教导我们温良恭俭让，萨特说这些都是人性的虚假体现；比如孔子说君主应当修身，培养自身的美德；意大利的马基雅维利反对说这些都是无用功，一个统治者只要知道如何控制自己的属民即可……我发现中国的哲学家，比如墨子的兼爱非攻，比如老子的上善若水，都是很温和的哲学，不带一丝希腊罗马的激进。

我为中国人的生活态度找到了一个源头。为什么我们不愿意改变态度，不乐于创新与尝试？其实是我们缺少神秘和浪漫，缺少激情与想象，我们对真理这个东西不感兴趣，我们只想找一种最中立的方法，一种最温和的方式。这种人生态度可以叫中庸，也可以叫懦弱。所以我们一直很平稳，但我们不精彩。至少目前不够精彩。

哲学体现的是人的生活态度，而我们也都还在这样或那样的生活态度中跋涉。

这篇自叙写得如此冗长而真实，因为它大概是我成长过程中曾经感同身受的思想、情感与启发。从一个在《红楼梦》中不可自拔的小女生，长成如今这般虔诚的基督徒、这般勤勉的思想者，我相信有很多人与我相同，在寻找，在追逐。也有很多的朋友，在重复着我的道路，体会着我的感情。在思想的国度里，从来没有失败者，也没有落后者。我们都是在这个星球上行走的人，正如张悬所唱：生活生活，有快乐也有忧愁。

但我们都不是一个人。我们都是同路人。

写此文，与君共勉。